石門漢魏十三品合集

郭荣章 编著

陕西出版传媒集团
陕西人民美術出版社

图书在版编目（CIP）数据

石门汉魏十三品合集／郭荣章编著．—西安：陕西人民美术出版社，2014.5

ISBN 978-7-5368-3092-9

Ⅰ. ①石… Ⅱ. ①郭… Ⅲ. ①摩崖石刻—研究—中国—汉代 ②摩崖石刻—研究—中国—北魏 Ⅳ. ①K877.494

中国版本图书馆 CIP 数据核字 (2014) 第 091587 号

石门汉魏十三品合集

编　著\郭荣章
策　划\武妙华

责任编辑\杨西婷　严国卿
装帧设计\王　山

出版发行\陕西出版传媒集团
陕西人民美术出版社
地　址\西安市北大街147号　邮编：710003
网　址\http://www.mscbs.cn

经　销\新华书店
印　刷\西安五星印刷有限公司
规　格\635毫米×900毫米　1/4开本
印　张\88印张
字　数\75千字
版　次\2014年5月第1版
印　次\2014年8月第1次印刷

书　号\ISBN 978-7-5368-3092-9
定　价\1380.00元

《石门汉魏十三品》序

横穿秦岭的褒斜栈道，依谷越岭，把八百里秦川与汉中盆地连成一体。在距褒谷口三点五公里处，七盘山巍然耸立，倚天列戟，自古就有『七盘蚁旋转，百折马行空』的咏叹。早在一千九百多年前，古人采用火焚水激的方法，在山下开凿了世界最早的穿山交通隧道——石门，使栈道穿行其中。自此，历代达官显贵、骚人墨客，行经石门内外，有感于山水之胜，常题刻以抒怀；加之，数千年的古道和石门，屡经通塞，时人常勒石记事，遂形成数以百计的摩崖刻石。这些石刻，或记述栈道之兴废，或追怀倡修者之功德，或歌咏褒谷山川之秀美，记事状景，异彩纷呈，是一批珍贵的历史记录。而留存在山崖上的汉魏书法真迹，则以它多姿的风采而受到历代金石家和书法家的推崇，堪称稀世珍奇，被誉为『国之瑰宝』。

石门摩崖刻石，是劳动和智慧的结晶，是历史文化和民族传统的积淀，标志着中华民族灿烂文化发展的辉煌。其中，尤以汉魏十三品出类拔萃，久负盛名。千百年来，它为文人学士所瞩目，竞相著录，代有人出。从北魏郦道元到宋代欧阳修、洪适、赵明诚，皆有论述。南宋晏袤在任南郑县令期间，曾亲临石门故地。多次考释石刻文字，并亲自书丹命人付刻。清代嘉庆时，因阁道废弛，王森文和倪兰畹先后亲历石门，攀藤附葛，访寻隐于山崖间的摩崖刻字，集成《石门碑醳》，题刻了《石门道记》。清同治十一年(1872)，罗秀书、徐廷钰、万方田、黄少村等人，又赴褒谷，摩苔拂藓，辑成《褒谷古迹辑略》，刊刻印行。新中国成立后，陕西省文物部门曾于六十年代初期，实地调查研究，收录石刻四十多种，以调查报告公之于世。国内黄盛璋、陈明达等专家还就褒斜道石门及其摩崖刻石发表专文，进行研讨。古往今来，这些整理研究工作对弘扬国粹，起到了承前启后、继往开来的作用。

但是，限于历史条件，石门刻石，过去或以文字刊行，或以拓片传世，一直没有可供两相对照的文本，给深入研习带来诸多困难。近些年来，偶有出版印行的《石门颂》《石门铭》影印本，也仅可供书法临摹之用。迄今为止，还没有一本比较完整并能真实准确地反映原貌的石门汉魏十三品全集问世，这对全面深入地研究石门文化珍品十分不利。

为了弥补这一缺憾，郭荣章同志以抱病之身，怀不懈之志，一面尽力搜检前人之著述，徜徉于书海之中；一面徘徊于碑石之间，反复摩挲原刻。他还多次赴栈道故址实地踏勘，饱尝山野之苦，遍历登涉之劳。多少个寒往暑来，无数个日出日落，集古籍之精粹，辨著录之错讹，补先辈之阙漏，探疑窦之原委，终于，在《石门摩崖刻石研究》一书问世之后，又编著出这一辛劳之作——《石门汉魏十三品》。

《石门汉魏十三品》，是一部很有学术价值的专集。这部专集，编著者以亲临其境，面对实物真迹考证实践，对十三品做了完整系统的阐述和深刻入微的论证，字里行间，充溢着严谨治学的态度和科学求实的精神。

这部专著真实可靠，齐全精当。它首次将石门汉魏十三品结集出版，采用的拓片是以清代精拓参以原刻存字为底本，无传世拓本中因拓工拙劣而导致的缺漏之弊，更无随意剜补之嫌。拓印技术精良，字迹笔意清晰，石花泐痕可辨，向国内外学术界展现了石刻现存风貌和神韵，并提供了珍贵的研究资料。

编者在论著中，对照搜罗到的版本和资料，一一审视，字字比较，匡正失误，辨明原委。又准确列述了十三品在石门故地的部位、大小、形制，既可供游人凭吊故物，又可为今人研究提供方便。编著者还尽力陈述了历代著录中常有的歧见，指出了一些相沿已久的舛误和疏漏。如对持续一千四百余年的『杨孟文开石门』之说进行辨误，从而使这一错讹得以澄清。诸如此类问题的探赜具有重要的学术价值。

在著述中纵谈书法艺术，既有高屋建瓴的概括，又有真切入微的阐释。作者通过实证的比较和分析，探讨了十三品在我国书法艺术发展史上的地位，客观地介绍了它的艺术成就，对书法艺术爱好者和书学理论研究者都会有所助益。

纵观我国汉字的书法艺术，其发生与发展，贯穿于汉字演化的全过程。从殷代的甲骨文到现代的书法，约有三千多年的历史。汉字的构成，古有『象形、指事、会意、形声、转注、假借』之说，此谓之『六书』，这与西方的拉丁文字是截然不同的。拉丁文字只能作为某种语音的符号，而汉字不仅是语音的代号，还直接显示了它所代表的某种事物的形象、势态、意境等内涵。这种丰富而微妙的涵义，导致了汉字书体和风格的多样化。『书贵自然』是书法艺术重要的审美原则，自然的基本涵义就在于『形神兼备』。如何达到形神兼备？沉浸于墨池笔林之中，久习勤练，掌握运笔挥毫的技法诚不可缺，而技法的真正领悟，借鉴历代优秀金石碑帖就尤为重要。陈列在汉中市博物馆的『石门汉魏十三品』，集汉魏书法珍品于一堂，为习书者提供了有利的观赏环境。它们凤翥龙腾，各尽其妙。试看：古朴严整的《鄐君开通褒斜道》，洋溢着山林野逸之趣；挺劲飘逸的《石门颂》，气韵非凡，如『野鹤闲鸥』，有『春松之秀』；纵放恣肆的《杨淮表记》，散发出自然浪漫的气息；雄强挺拔的汉隶大字『衮雪』，却以盎然意趣，为人们所津津乐道。它们是东汉碑刻中的精品，体现出隶书发展的高度成就。至于体态飞逸的北魏《石门铭》，则以偃蹇妩媚、翩跹有致的风姿，受到后世书家的极力推崇，被近人康有为列为『神品』。以《石门颂》和《石门铭》为代表的石门汉魏十三品，对我国的书法艺术产生了深远的影响。清人杨守敬评价《石门颂》时说：『六朝疏秀一派皆从此出』，足以证明石门汉隶对后世书法的启迪。近世大书法家于右任师法《石门铭》，卓然自成一家。他有一首诗写道：『朝临石门铭，暮写二十品。辛苦集为联，夜夜泪湿枕。』这些，都有力地说明了石门书法达到的高峰，及对我国书法艺术发展的贡献。对前代的继承性和对后世的开创性，正是石门书法艺术受到高度评价的缘由所在。从这一意义来看，这部专集对书法欣赏和研究，无疑具有一定价值。

由于石门刻石的内涵宏富，涉及许多学科领域，作为一部比较完整的石门刻石荟萃，必然为多学科、多角度的研究创造条件。例如，《石门颂》所载三次修治褒斜栈道的史实，概述了东汉明帝后数十年间褒斜道通塞不恒的历史，反映出古代交通与政治、经济、军事的关系；《石门铭》记述北魏梁秦二州刺史奏请改道经过，描述了改道工程对推动经济发展的作用，反映了北魏农业、畜牧业、纺织业、商业和科技的状况。它们以翔实的史料填补了史书的缺漏，为历史学研究提供了实录。至于褒斜道的变迁，古水利的考察，桥梁隧道的修凿，工程技术的探索，石门摩崖都与之有内在的关联，无疑这部专集也具有其科学价值。

《石门汉魏十三品》的结集出版，是一件值得庆贺的事。回首『文革』时期，褒斜石门遭到了史无前例的大劫难。由于陕西省和汉中地、市领导的重视和文物工作者的全力抢救，才使『石门汉魏十三品』等许多重要石刻得到搬迁和妥为保管。读者将从这部专集中，一窥石门的精华。国内外的知音，定会欢迎它的问世。

因为我理解编著者辛劳工作的意义，了解他研究石门的苦衷和欢乐，并极力鼓励他将十三品结集刊行，所以，郭荣章同志再三要我为之写序。无论学识和资历，我都承担不起这一重任。但盛情难却，又适逢出版社屡屡催问，只好勉强应命，怀惴惴之心，写浅陋之文。我相信读者览此专著，定会给予客观的评价。

杨培钧

一九八七年十一月于汉中

《石门汉魏十三品合集》序

汉中是国家级历史文化名城，石门栈道则是这里代表性的历史文化胜迹。褒斜道石门是世界上最早用于通车的人工隧道。面对这一科技奇迹，来来往往的文人墨客咏叹不绝，他们或赋诗或吟诵，陈述蜀道沧桑，书写石门风光。就这样在石门内外留下了无数的墨宝，这些墨宝被镌刻在石壁上，世称石门石刻。二十世纪六十年代，石门水库建成，这些石刻即将被淹没，文物界有识之士，将此情反映给中共陕西省委，省委责成工程部门，抢救出以『石门十三品』为主体的部分摩崖，现陈列于汉中市博物馆内，成为该馆的镇馆之宝。多年来，一直被国内外学界、书法界视若神明。海外游客不远万里来到汉中，为的是一睹其芳容。虽然时光流逝千余年，其艺术光芒不仅历久不衰，而且更加璀璨。

上述摩崖被誉为『国之瑰宝』，在国内外影响深广。二十世纪八十年代，本地学者郭荣章先生，呕心沥血、精心编纂，将其集结成册，定名为《石门汉魏十三品》，由陕西人民美术出版社出版问世。著名学者、陕西省历史博物馆原馆长杨培钧先生为之作序，在其序言中详述了这部作品的学术价值和艺术定位，也对郭荣章先生的辛勤劳作和深厚造诣给予了高度评价。

进入二十一世纪，汉中迈入了崭新的发展时期，城市建设日新月异，艰难的蜀道已被现代化的高速公路和铁路所取代。在现代化的过程中，历史文化更加受到高度重视。民族的文化自信和文化自强，往往来自我们深厚的传统之中，也通过那些历经千年依然光辉闪闪的历史证物呈现出来。『石门汉魏十三品』这样的艺术经典，理所当然地受到更多的关注和青睐。汉中作为国家级历史文化名城，『石门汉魏十三品』是当之无愧的证物。重新辑成的《石门汉魏十三品合集》，将惠及广大读者，特别是对于那些钟情于此却无缘睹其芳容的爱好者来说，将是莫大的幸事了。更重要的是，对于我们汉中人来说，它将带给我们对往昔峥嵘岁月的追想和对家乡的热爱！

一方水土养育一方生命，一方水土也滋生一方灵秀。汉中的『石门十三品』，已是汉中古城的文化名片。郭荣章先生精研汉中文史，特别在探索石门石刻方面卓有成就。这次重辑的《石门汉魏十三品合集》是他学术成果的再次展示。其人其艺，令人敬重。在此书即将面世之时，爰缀数语，聊表崇敬之情。

武妙华

二〇一三年十一月于汉中

（作者系著名书法家、汉中市文联主席）

自序

汉中位于陕西省西南部，是陕、甘、川三省交会之地。文化底蕴十分丰厚，公元前四五一年，秦厉共公左庶长建南郑城（今汉中市政府所在地）。公元前二〇六年，汉王刘邦建都南郑，北定三秦，进而打败项羽，统一中国。为纪念其发迹之地，而定国号为汉。汉中作为汉朝的发祥地，是举世公认的。今市内古汉台、拜将坛、饮马池，就是刘邦驻跸汉中的见证。汉以降，汉中这一战略要地亦曾演绎了不少可歌可泣的英烈故事，留下了大量的历史遗迹。仅市内的全国重点文物保护单位就有十处，其中的『褒斜道石门及其石刻』，是一九六二年公布的首批重点文物保护单位，国务院总编号五十七号，堪为我市最珍贵的人文资源之一。这一保护单位包括三部分，即被誉为『蜀道之始』的褒斜古道和此道南端开凿于一千九百多年前的穿山隧道——石门，还有汉以降镌于石门内外及褒斜道沿线数以百计的石刻，世称石门石刻。这三大部分都有确凿的记载和历代学人的著录可考，向为学术界所推重。可惜在『文革』动乱时期，兴建石门水库时，因选址不当，致使石门及其内外的石刻湮没于碧波之中。

建库前仅将『石门十三品』等石刻凿迁至古汉台。尽管如此，国内外学术界对这一残存的历史遗存，仍钟情有加。一九八四年，由汉中博物馆、汉中地区文物事业管理委员会、汉中日报社、汉中师范学院、《衮雪》编辑部联合发起成立『汉中褒斜石门研究会』（后易名为『蜀道及石门石刻研究会』），时任汉中地区文化文物局副局长杨培钧，被推任为会长，我作为博物馆馆长，被推任为常务副会长。先后于一九八五年、一九八六年举办了两届学术讨论会。经陕西省新闻出版局批准创办的《石门》专刊，刊发了会议论文集。这两次会议和论文集，在国内外引起广泛的关注。至一九八七年，不少外域学者也涉足于此，学会理事会决定于一九八八年秋，举办第三届蜀道及石门石刻国际性学术讨论会。为给这次会议献礼，拟将『石门十三品』原大拓本集结成册，并对每一石刻文字的历史艺术价值逐一予以识评。学会会长杨培钧对此鼎力支持，我作为这一题材的研究者，理应为此效力。然因管理工作千头万绪，停不下来，但又无法推卸，只得勉力而为。上班忙，下班更忙。每晚苦熬至夜半，节假日全天『打坐』不休，出差在外亦未能中断。就这样，终于按预定计划，将『十三品』裒为专辑，名曰《石门汉魏十三品》。杨培钧先生对此最为知情，请他写了序言，便匆匆出手。陕西人民美术出版社也对此视为己任，快速审稿，安排印刷。责任编辑李惠先生还和我一道去宝鸡蔡家坡五二三印刷厂从事校对。功夫不负苦心人，赶在开会时，这一专辑已发给每一位与会者。

毕竟因时间仓促，加之笔者原本学识浅陋，专辑中不仅有错别字，而且在附图中将南宋《安丙游石门题诗》误为《文同游石门题诗》。这是硬伤，当引以自责。此外，在对『十三品』的书法评介中，限于当时的水平，过于笼统，未能切中肯綮。好在，承蒙各界包涵，更仰赖于『十三品』本身的魅力，专辑问世后，书肆连同博物馆内部商店的存货，很快销售一空。多年来，不断有人上门求我帮忙购书，我手中仅有供检验的样本，自然无从满足这一要求。

汉中市现任文联主席武妙华先生，酷爱书法艺术，尤对石门摩崖钟情有加。数年前，他任市政协副秘书长时，就曾倡议将此专辑再版，以满足社会需求。他就任文联主席后，就再版之事又再三呼吁。为了促成此事，他多方奔走，筹措资金。与此同时，他多次敦促我共襄盛兴，并就一些有关的具体问题出谋划策，彼此恳谈甚切。王充《论衡·感虚篇》云：『精诚所至，金石为开。』感于妙华主席之至诚，我虽年老体弱，怎能无动于衷？经反复思考，遂不辞劳苦，愿为此举而奉献余热。

关于『石门十三品』，古今的说法有所不同。记得二十世纪八十年代，日本著名书法家种谷扇舟先生来汉中，在博物馆参观过程中，将他携带的『十三品』拓本，与原刻一一对照，发现拓本中的南宋《安丙游石门题诗》和《赵彦呐等游石门题名》，原刻中没有；而原刻中的曹魏《李苞通阁道题名》和南宋《晏袤释潘宗伯、韩仲元、李苞通阁道》，拓本中却没有。其余十一种皆一致。种谷先生就此询问缘由。我当即回答他：你的拓本，是清人所称的『十三品』，而展室的原刻，是民国时对『十三品』的新认定。二者虽有差异，但所指认者同属石门石刻之列，合而论之，不妨称之为『石门十五品』。又鉴于『十三品』之说已约定俗成，若突然改称『十五品』，则会引起无端之诧异。为了如实反映两类『十三品』的实际内涵，故将此专辑重新定名为《石门汉魏十三品合集》。

新辑成的《石门汉魏十三品合集》比原来《石门汉魏十三品》，不仅多出两品，而且文字和图版都有较多的改动。然而，高龄之人，不堪重负，疏漏、舛误，在所难免，祈请方家与同好教正。

郭荣章

二〇一三年十月于汉中

目 录

汉《鄐君开通褒斜道》摩崖

（亦称《大开通》）

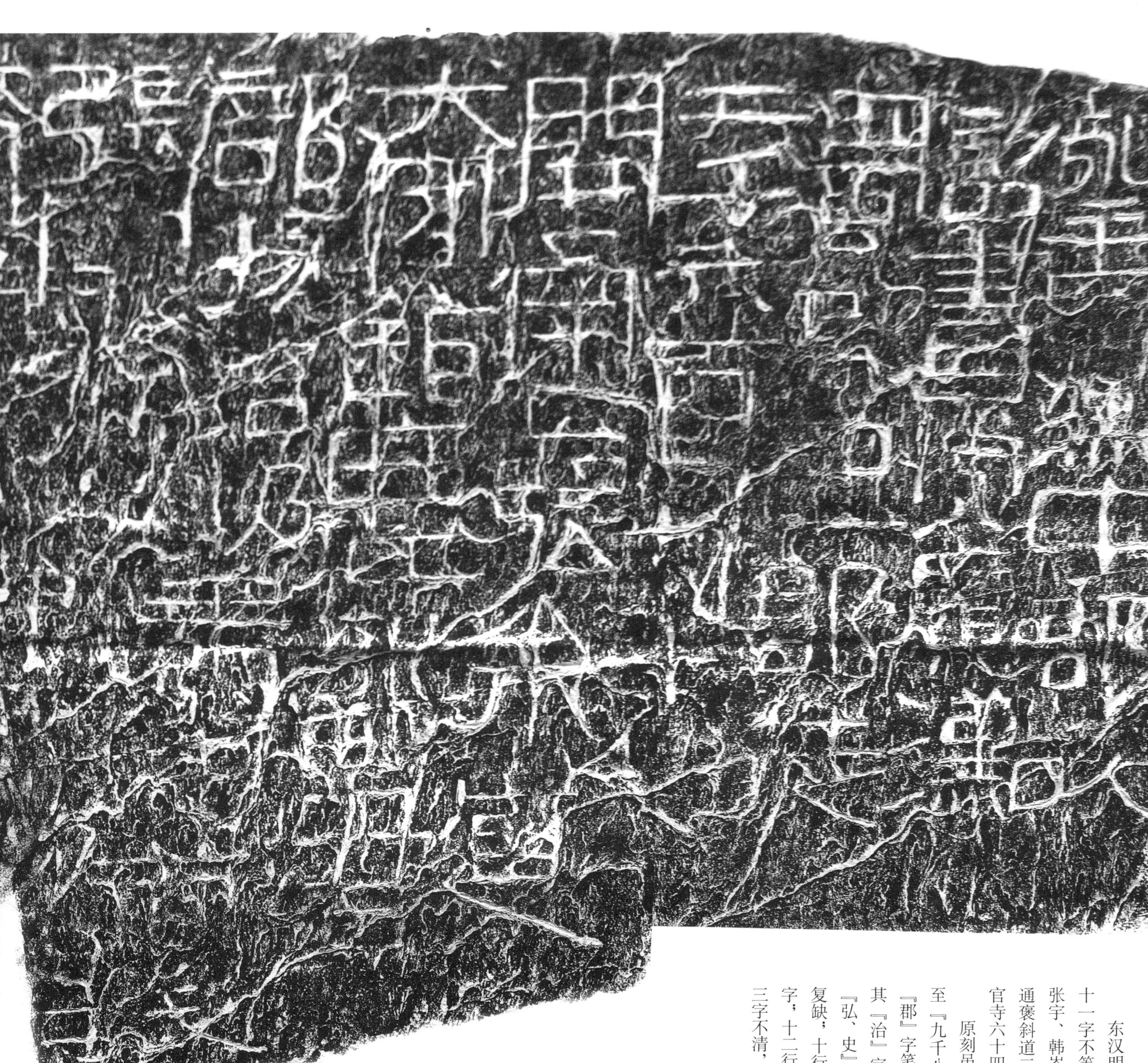

汉《鄐君开通褒斜道》摩崖

东汉明帝（刘庄）永平九年（66）刻在石门洞南右侧山崖上，隶书十六行，每行六至十一字不等，字径十一厘米。内容记述汉中太守鄐君（佚名）及其部属王弘、史荀茂、张宇、韩岑、杨显等于东汉永平六年（63）率领广汉、蜀郡、巴郡的刑徒两千多人，开通褒斜道二百五十八里，修建大桥五座，桥阁六百多间，邮、亭、驿、置，褒中县官寺六十四所，使用工、料、钱数字，至永平九年四月竣工的情况。

原刻虽字迹漫漶，且有大片剥落，但可辨认者尚有九十七字。全文自『永平』起，至『九千八百四』止，一行『永平六年』，年字无存；三行『蜀郡巴郡』，其前一『郡』字笔画不清；四行『二千六百九十人』，其『九』字不清；七行『部掾治级』，其『治』字尚清，非『治』字，『级』字仅存右偏旁『及』，『王弘、史荀茂』，其『弘、史』二字不清；八行『张宇』之后缺损；九行『太』之后缺数字，至『汉』之后复缺；十行『杨显』二字隐约可见，余俱缺，十一行『始作桥格』之后仅见一『百』字；十二行『大桥五，为道二百』之后缺数字；十三行至十六行皆可认出；十七行为首三字不清，余俱可识。

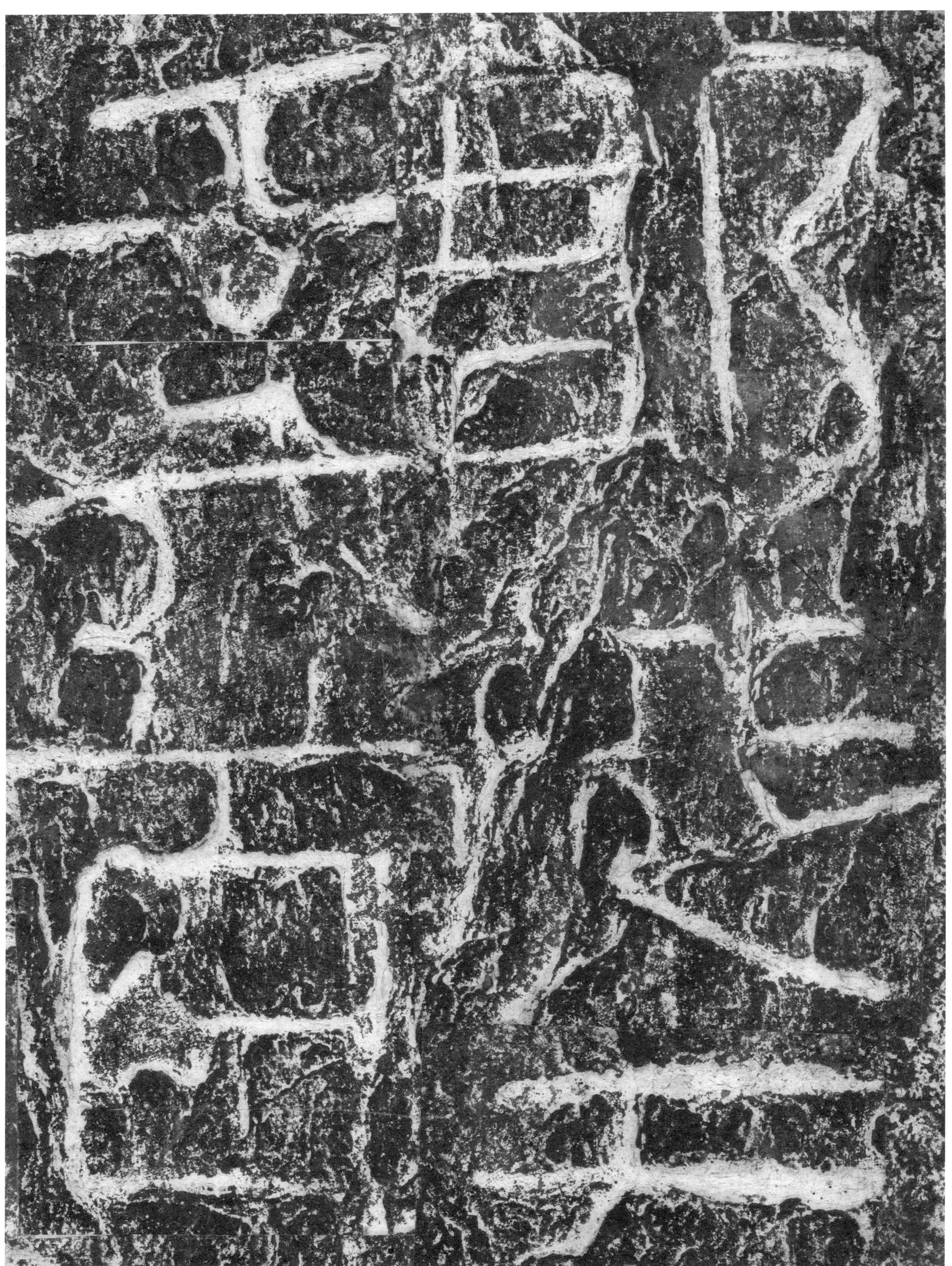

郡徒二一 千六百

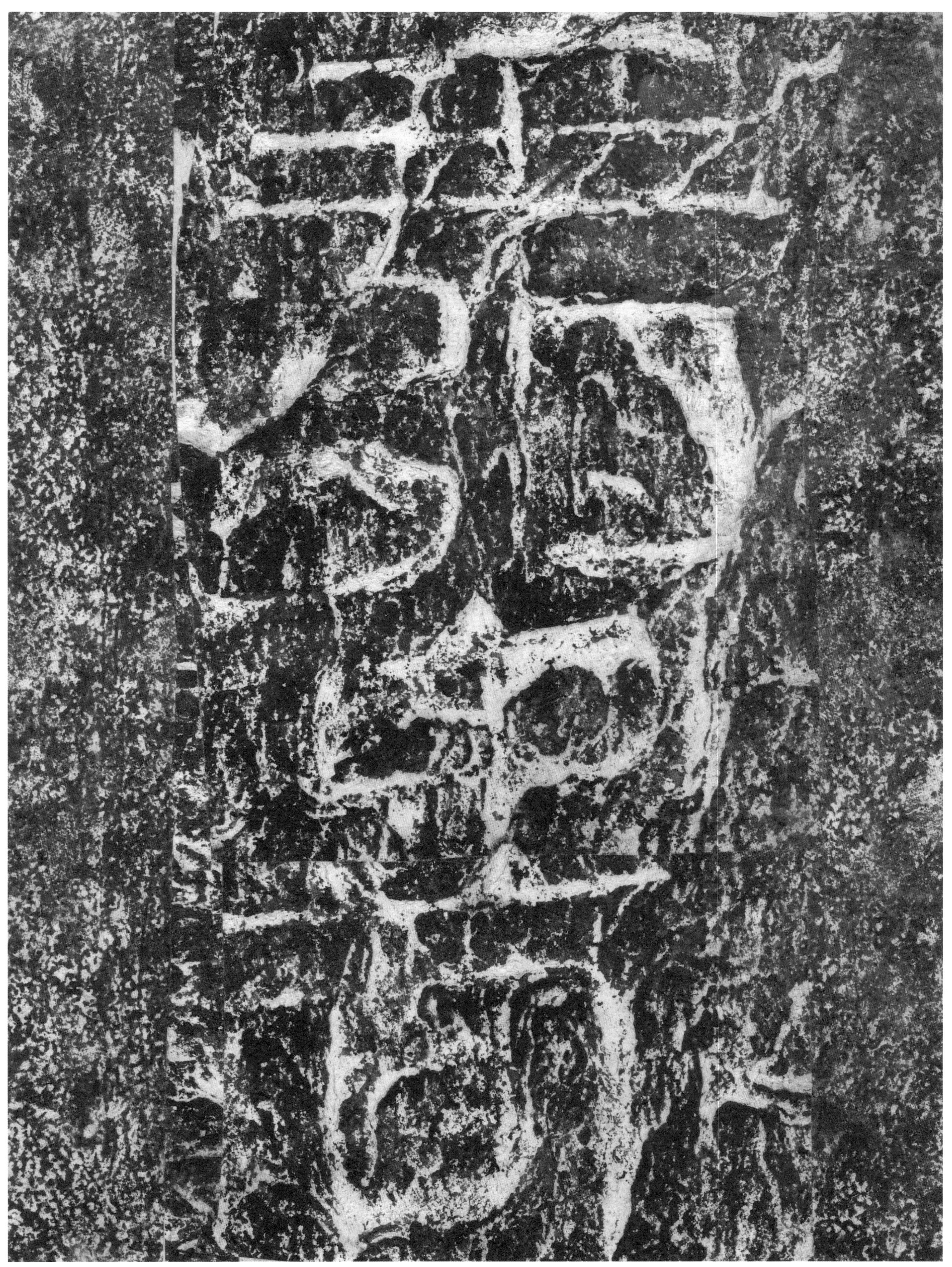

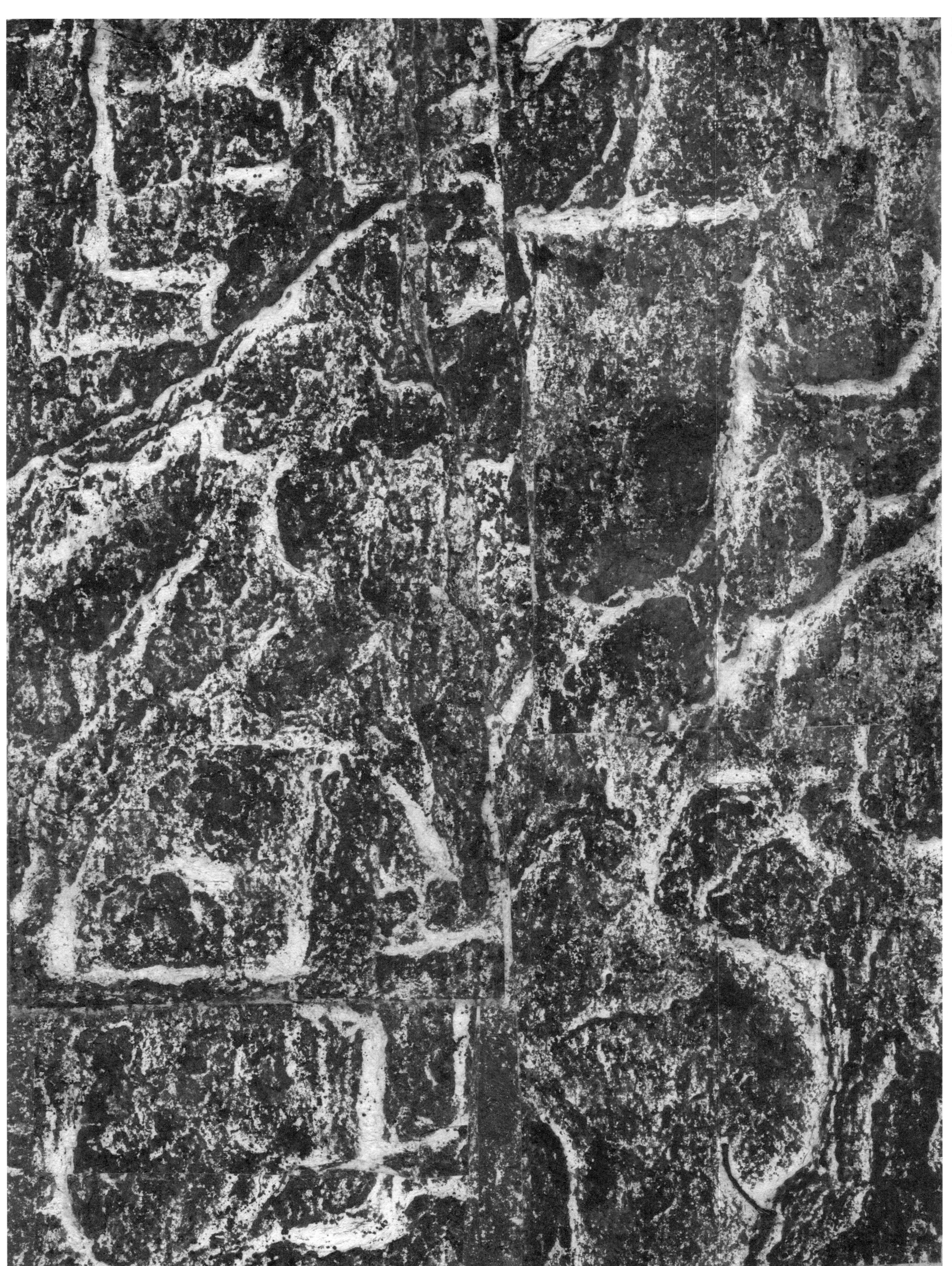

□（岑）

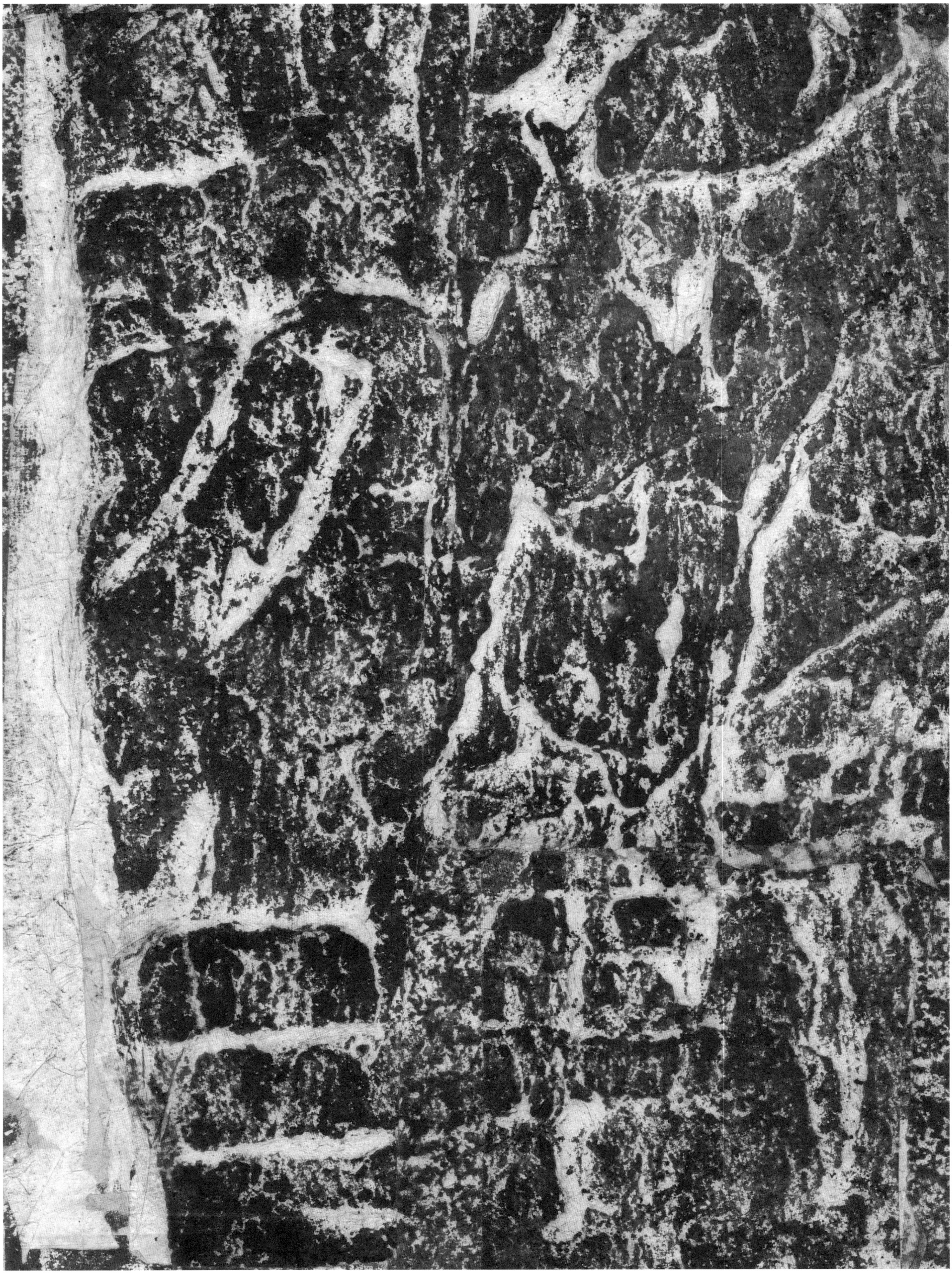

为道

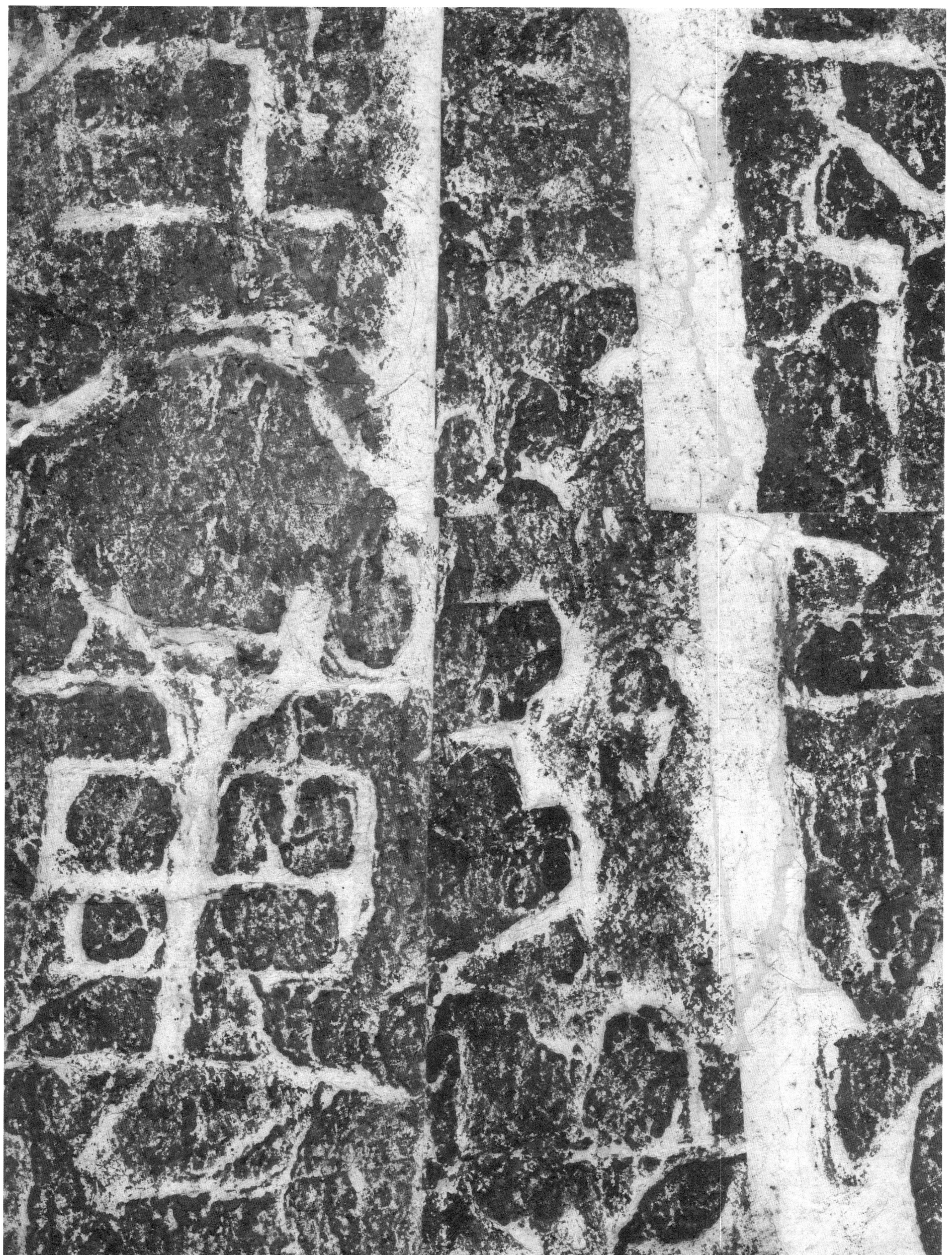

空褒

七十六

万六千

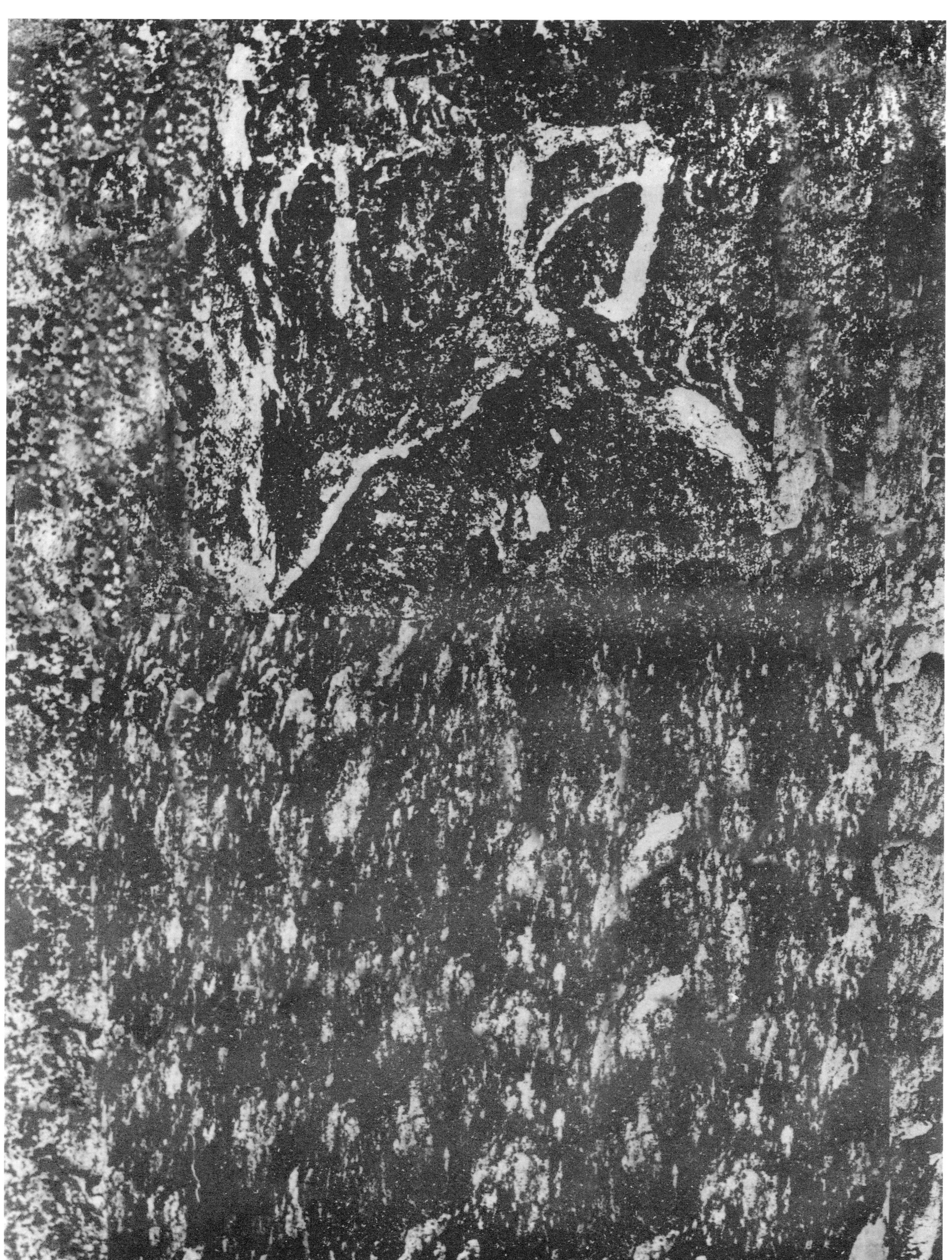

汉《故司隶校尉楗为杨君颂》摩崖

（亦称《石门颂》）（邹笛 藏）

汉《故司隶校尉楗为杨君颂》摩崖（亦称《石门颂》）

东汉桓帝（刘志）建和二年（148）镌刻在石门洞内西壁，隶书二十一行，每行三十字左右，上连一额。额题双行『故司隶校尉楗为杨君颂』十字。

杨君名涣字孟文，楗为（今四川武阳县）人。曾多次奏请废弃子午道，修复褒斜道，至东汉安帝延光四年（125），得到朝廷批准。诏益州刺史具体承办，修复了褒斜道，变险为夷，行旅称便。至建和二年（148），汉中太守王升，『推序本原，嘉君明知，美其仁贤』，刻石颂其功德，故称《故司隶校尉楗为杨君颂》，复被诧称《石门颂》，今已举世公认。

《石门颂》早已驰名全国，是研究我国古代交通史和书法艺术史的瑰宝。石刻用笔纵放、洒脱劲挺，是汉隶的杰作，历来为书坛所推崇。上海人民美术出版社的《石门颂》字帖，就是根据《石门颂》拓片影印的。历代金石著录和今人发表的文章中所载《石门颂》录文，多有错、缺字。如《金石萃编》将『□弘』之『弘』误作『讳』；《金石文考》将『复循』的『循』误作『修』；《褒谷古迹辑略》将『川泽股躬』的『股』误作『服』，还将『文宝』下一主字缺漏。一九六一年《文物》四、五期合刊上《褒斜道石门及其石刻》一文中，载有《石门颂》录文一段，有错字数处，如『股』作『服』、『焉』作『安』、『复循』作『复修』、『蒸蒸』作『蒸庶』、『循礼』作『修礼』。这些错、漏字，往往导致曲解《石门颂》的原意。所幸《石门颂》摩崖迄今保存完好。这是校错补漏的可靠依据。

故司隸校尉楗為楊君頌

惟巛靈定位川澤股躬澤有所注川有所通斜谷之川其澤南隆八方所達益
域為充
高祖受命興於漢中道由子午出散入秦建定帝位以漢詆焉後以
子午途路澀難更隨圍谷復通堂光凡此四道垓鬲尤艱至於永平其有四年
詔書開余鑿通石門中遭元二西夷虐殘橋梁斷絕子午復循上則縣峻
屈曲流顛下則入冥廎寫輸淵平阿湶泥常蔭鮮晏木石相距利磨确磐臨危
槍砀履尾心寒空輿輕騎滯㝵弗前惡蟲蔽狩蛇蛭毒蟳未秋截霜稼苗夭殘
終年不登匱餧之患卑者楚惡尊者弗安愁苦之難焉可具言於是明知故司
隸校尉楗為武陽楊君厥字孟文深執忠伉數上奏請有司議駮君遂執爭百遼
咸從帝用是聽廢子由斯得其度經功飭爾要敞而晏平清涼調和烝烝艾寧
至建和二年仲冬上旬漢中大守犍為武陽王升字稚紀涉歷山道推序本
原嘉君明知美其仁賢勒石頌德以明厥勳其辭曰
君德明明炳煥彌光刺過拾遺厲清八荒奉魁承杓綏億衙彊春宣聖恩秋貶若
霜無偏蕩蕩貞雅以方寧靜烝庶政與乾通輔主匡君循禮有常咸曉地理知世
紀綱言必忠義匪石厥章恢弘大節讜而益明揆往卓今謀合朝情醳艱即安有
勳有榮禹鑿龍門君其繼縱上順斗極下答坤皇自南自北四海攸通君子安
樂庶士悅雍商人咸憘農夫永同春秋記異今而紀功垂流億載世世歎誦
序曰明哉仁知豫識難易原度天道安危所歸勤勤竭誠榮名休麗
五官掾南鄭趙邵字季南屬褒中鼂漢彊字產伯書佐西成王戒字文寶主
王府君閔谷道危難分置六部道橋特遣行丞事西成韓朗字顯公都督掾南鄭巍整字伯玉
後遣趙誦字公梁案察中曹卓行造作石積萬世之基或解高格下就平易行者欣然焉
伯玉即日徙署行丞事守安陽長

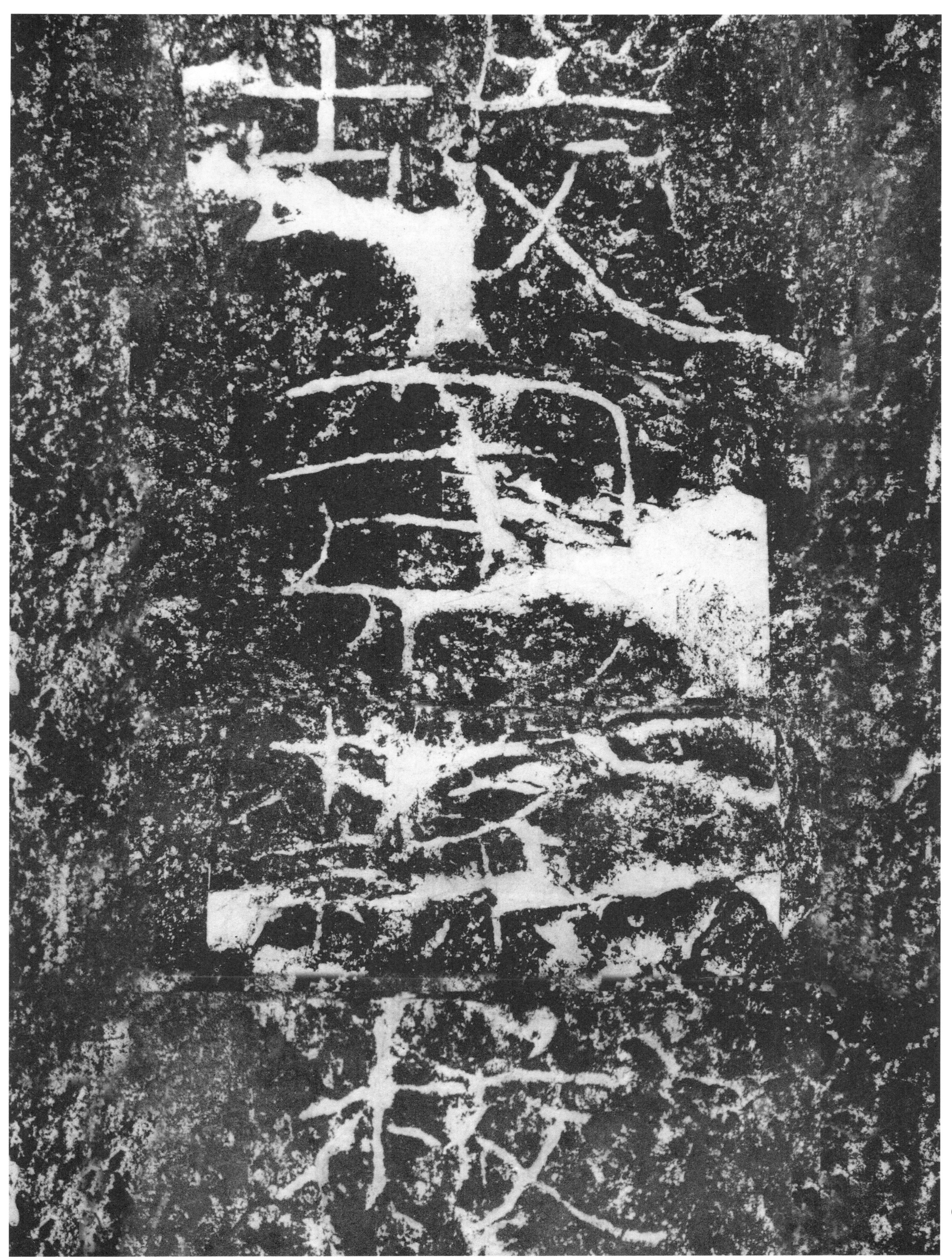

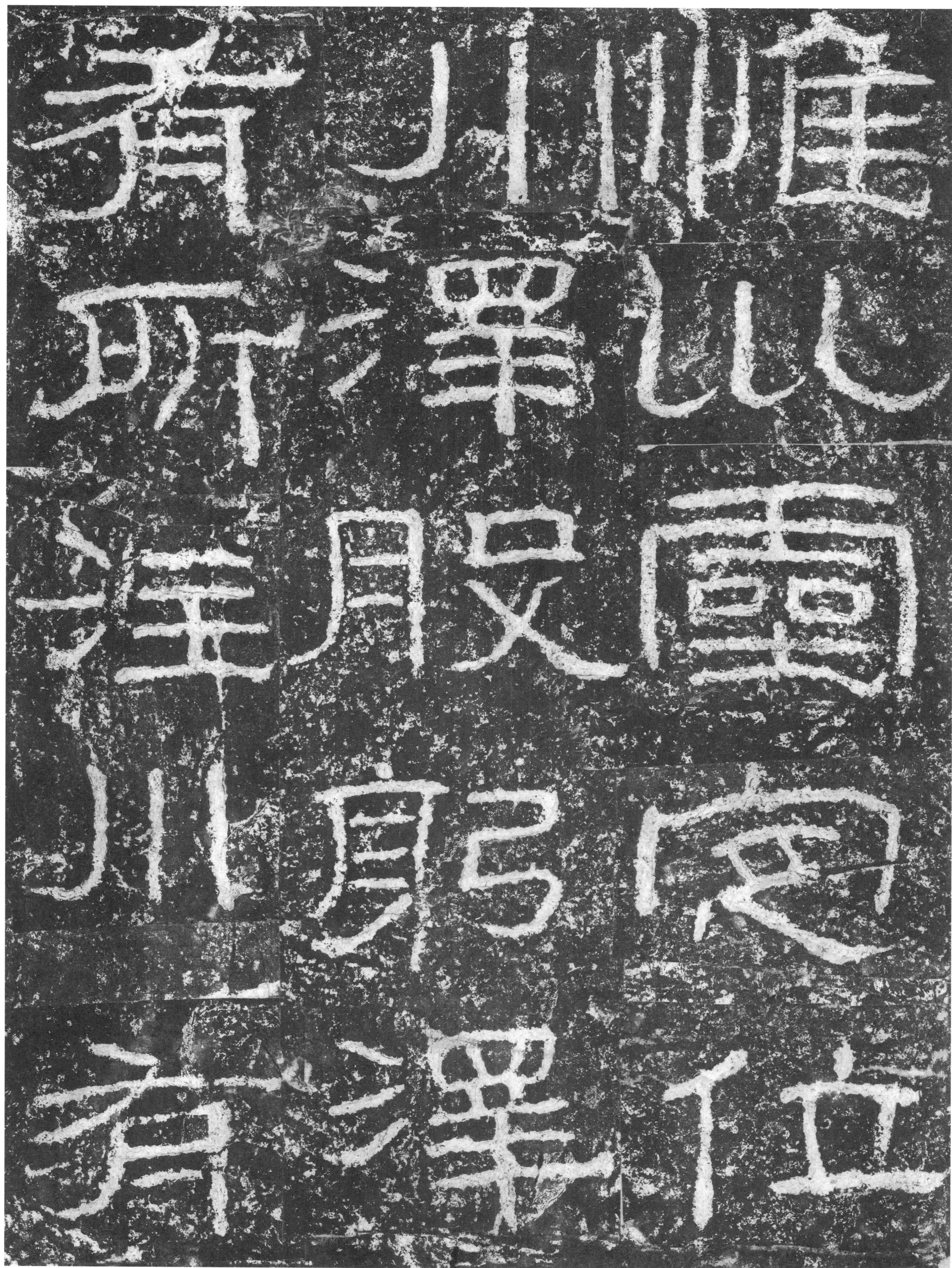

惟坤灵定位　川泽股躬泽　有所注川有

所通余(斜)谷之　川其泽南隆　八方所达益

域为充　高祖受命　兴于汉中道

由子午出散　入秦建定帝　位以汉诋焉

后以子午途　路涩难更随　围谷复通堂

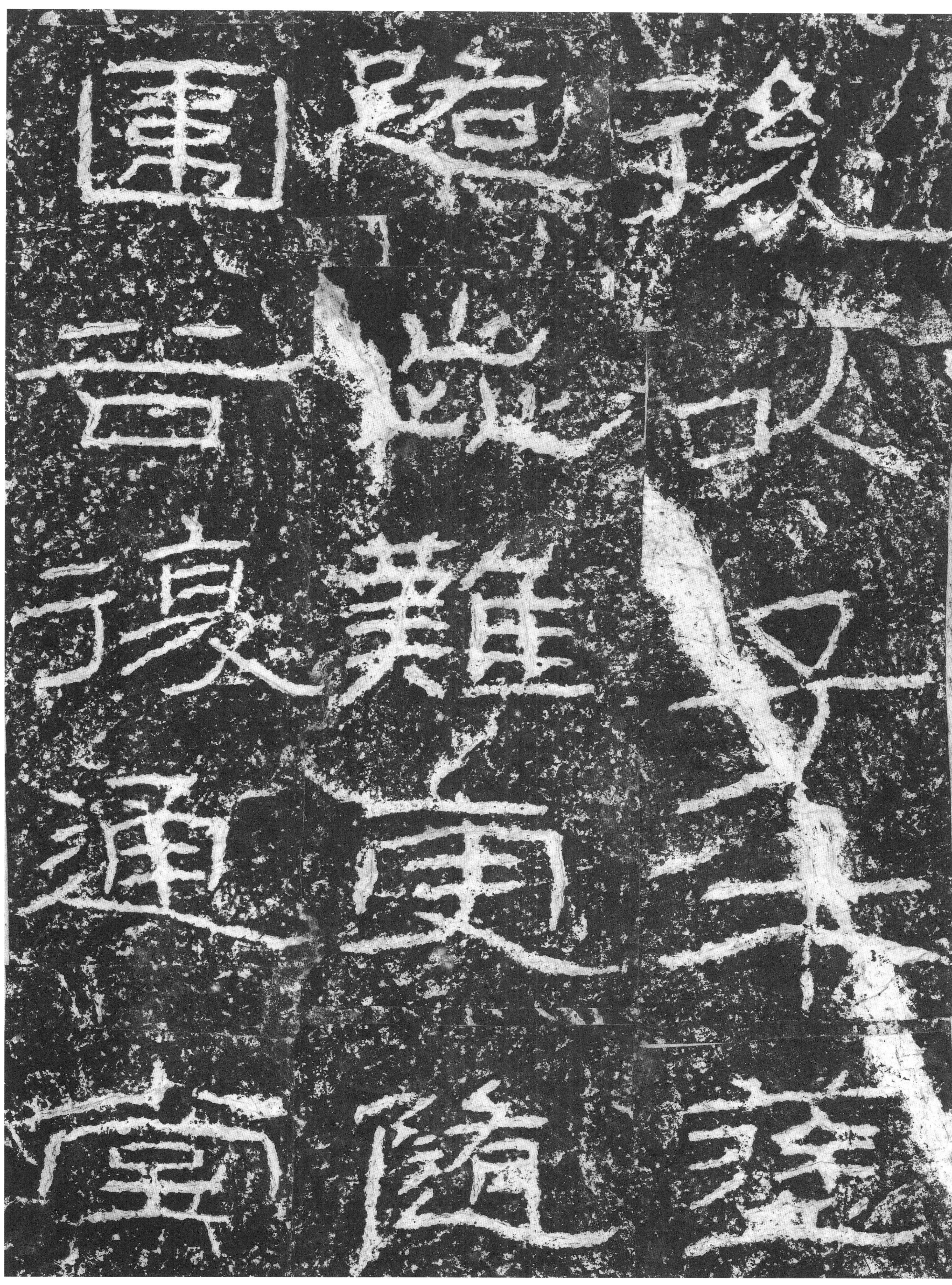

光凡此四　道垓隔尤艰　至于永平其

西夷虐残　桥梁断绝子　午复循上则

县（悬）峻屈曲流　巅下则人（入）冥　倾泻输渊平

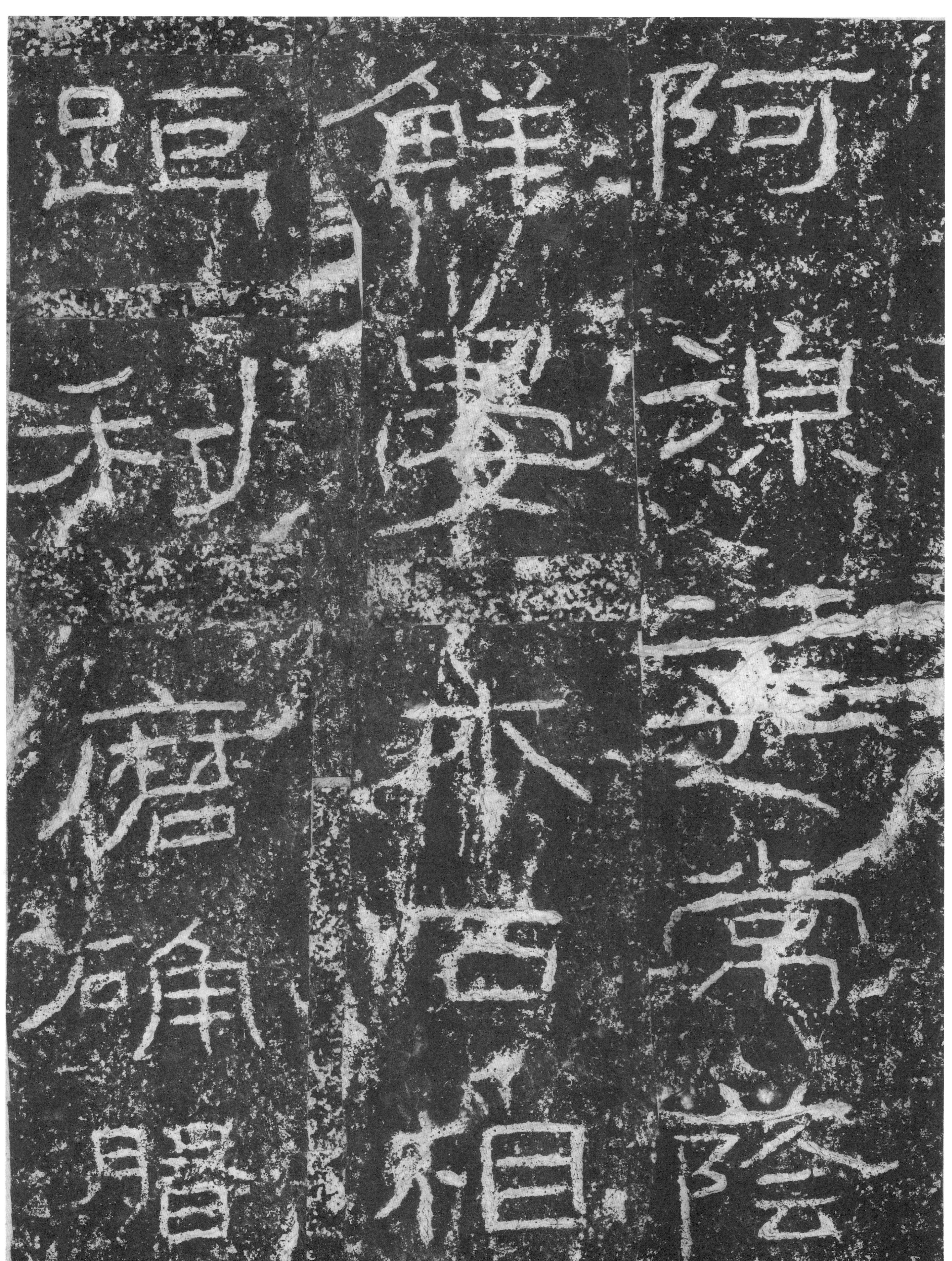

临危枪砀履　尾心寒空舆　轻骑滞碍弗

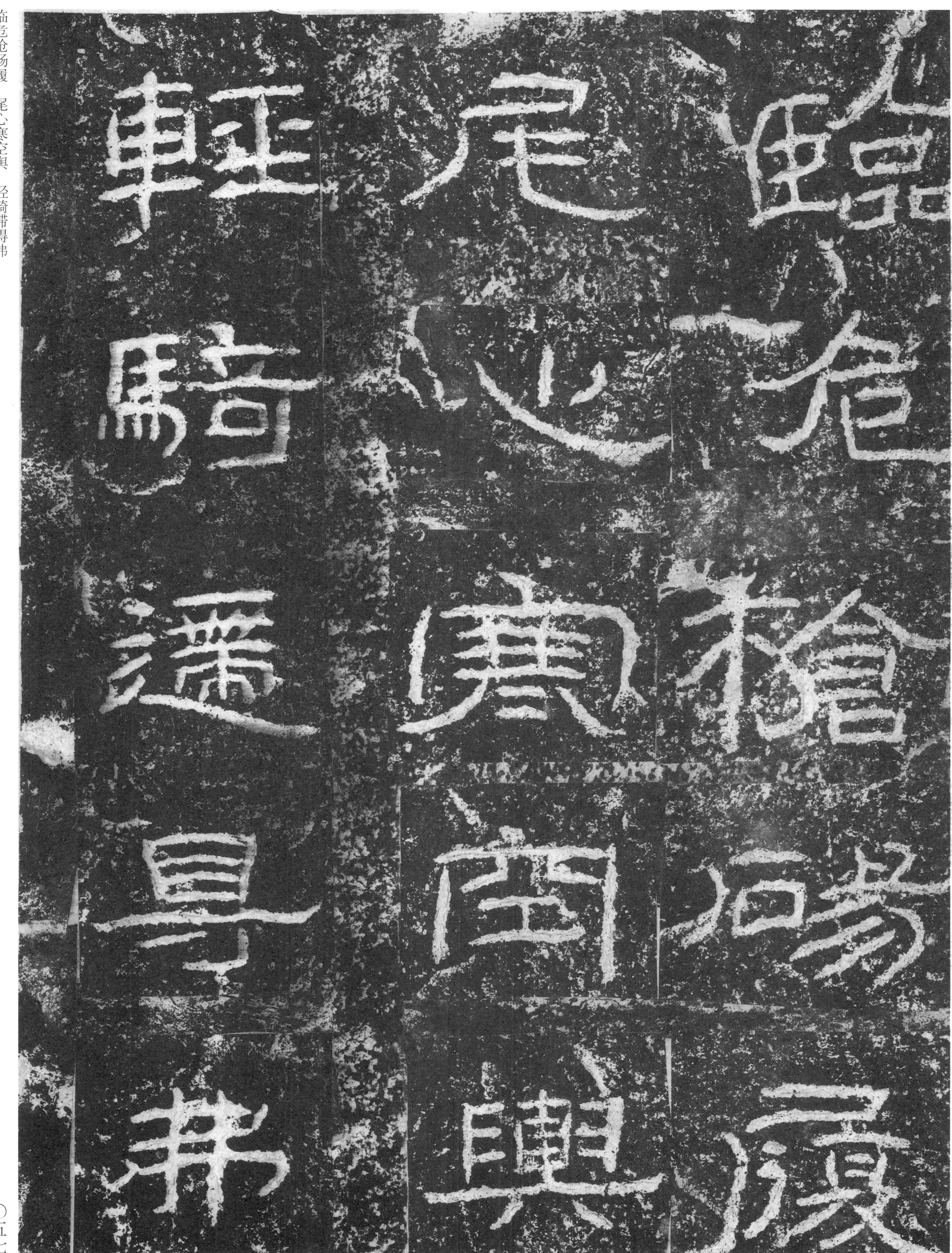

前恶虫蔽狩　蛇蛭毒蝘未　秋截霜稼苗

夭残终年不　登匽倭之患　卑者楚恶尊

者弗安愁苦　之难焉可具　言于是明知

深执忠伉数　上奏请有司　议驳君遂执

争百僚咸从　帝用是听废　子由斯得其

度经功饬尔　要敞而晏平　清凉调和蒸

守楗为武阳　王升字稚纪　涉历山道推

序本原嘉君　明知美其仁　贤勒石颂德

以明厥勋其　辞曰　君德明明□炳

绥亿衙疆春　宣圣恩秋贬　若霜无偏荡

蕩貞雅以方　宁静烝庶政　与乾通辅主

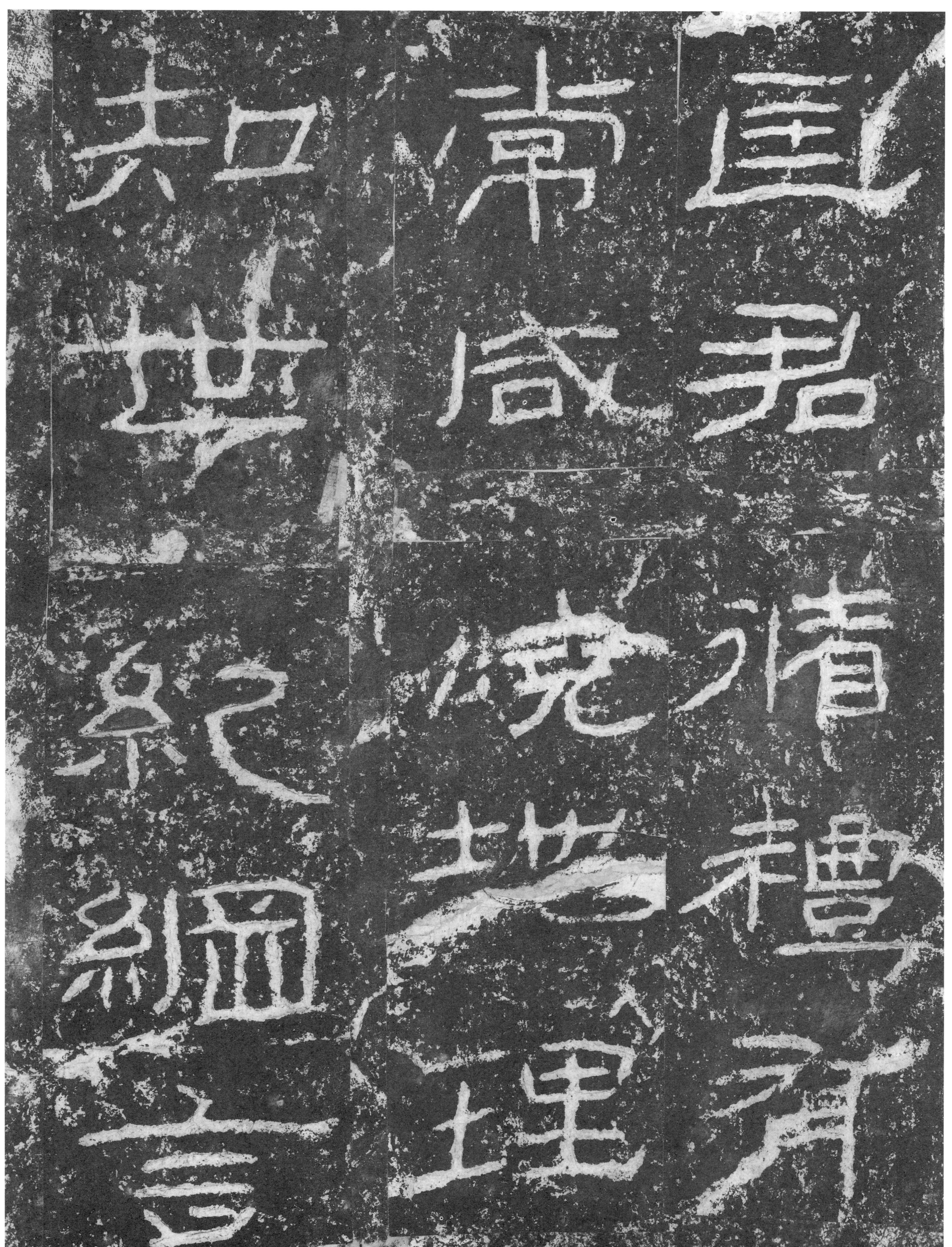

匡君循礼有　常咸晓地理　知世纪纲言

必忠义匪石　厥章恢弘大　节谠而益明

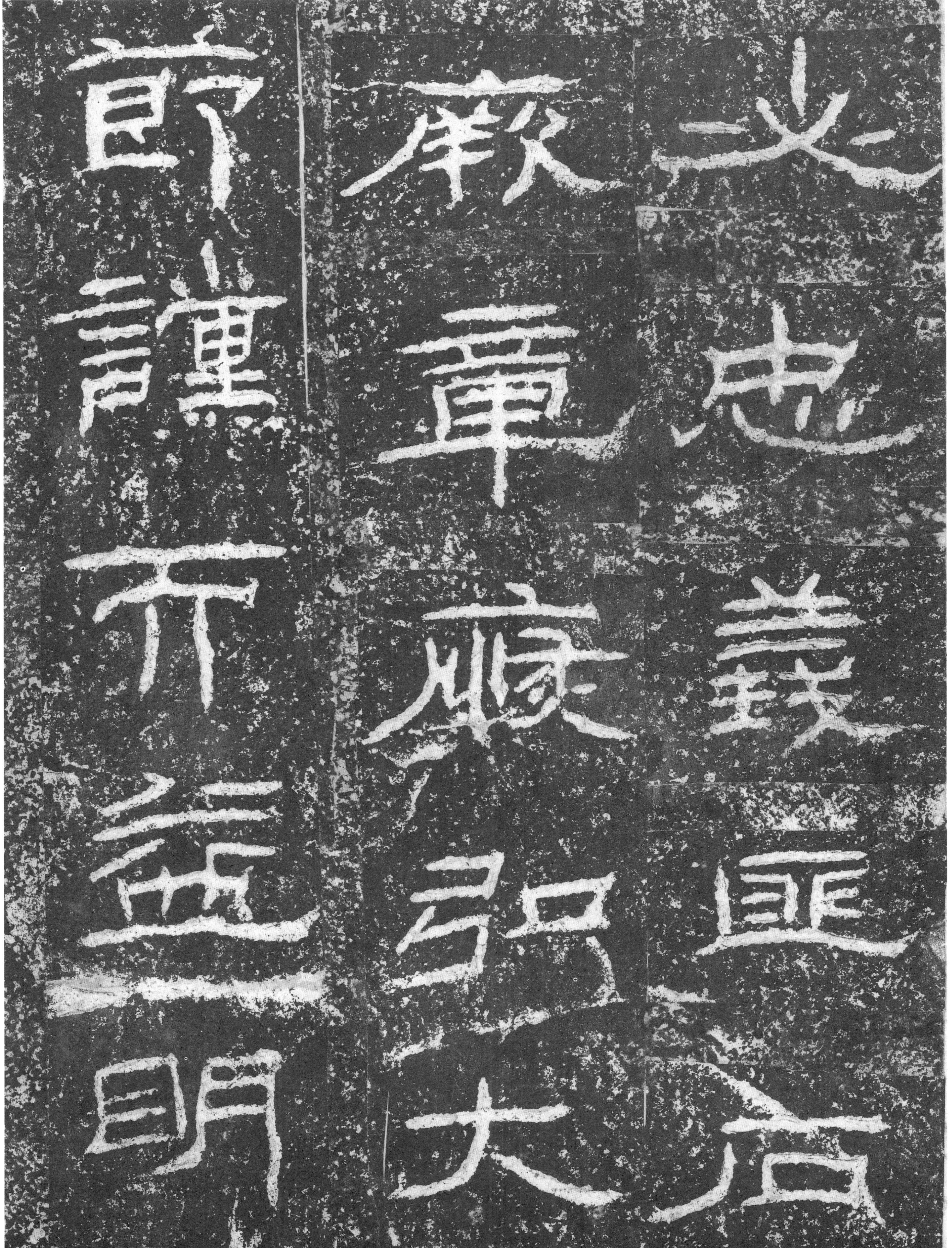

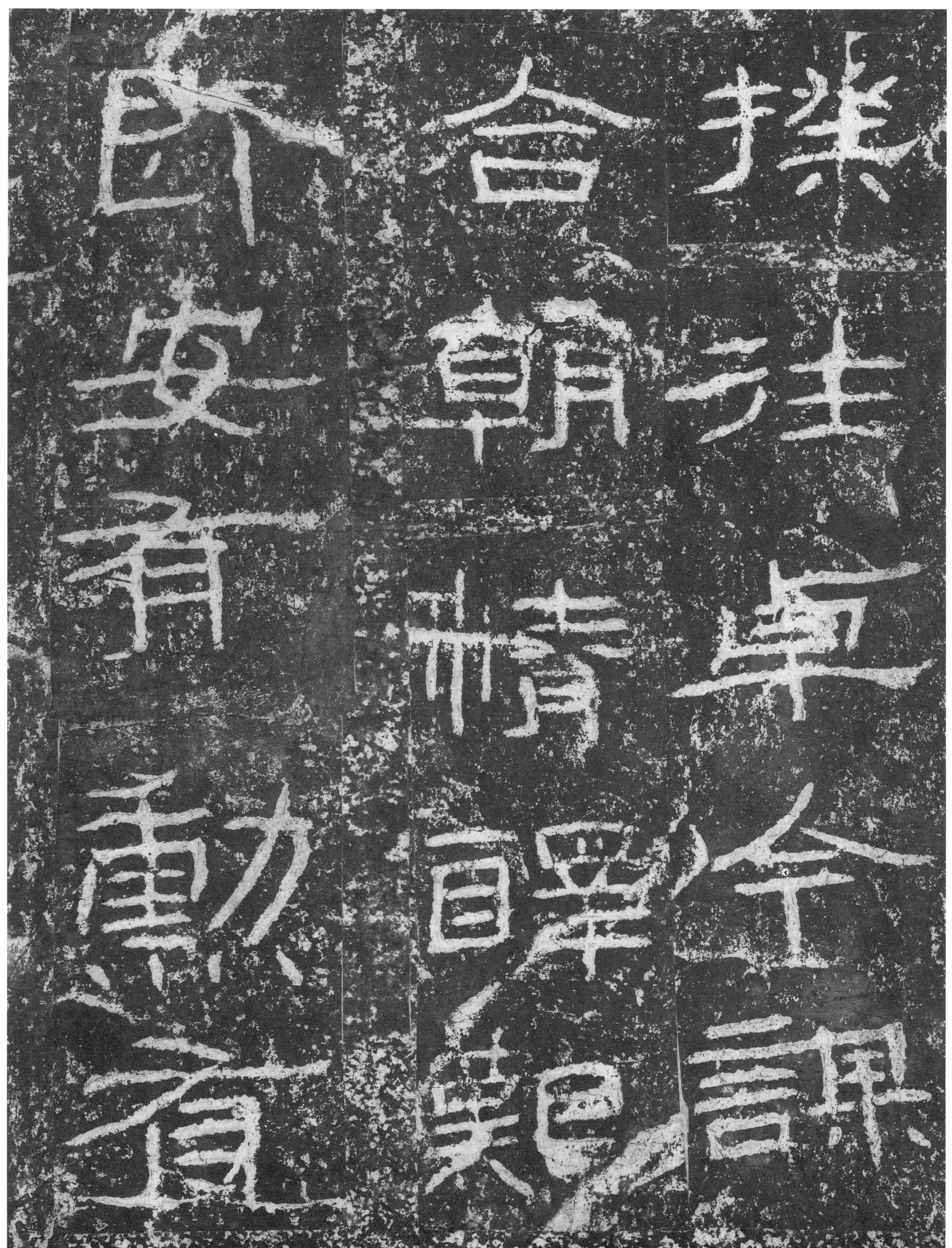

揆往卓今谋　合朝情醳艰　即安有勋有

士悦雍商人　咸憘农夫永　同春秋记异

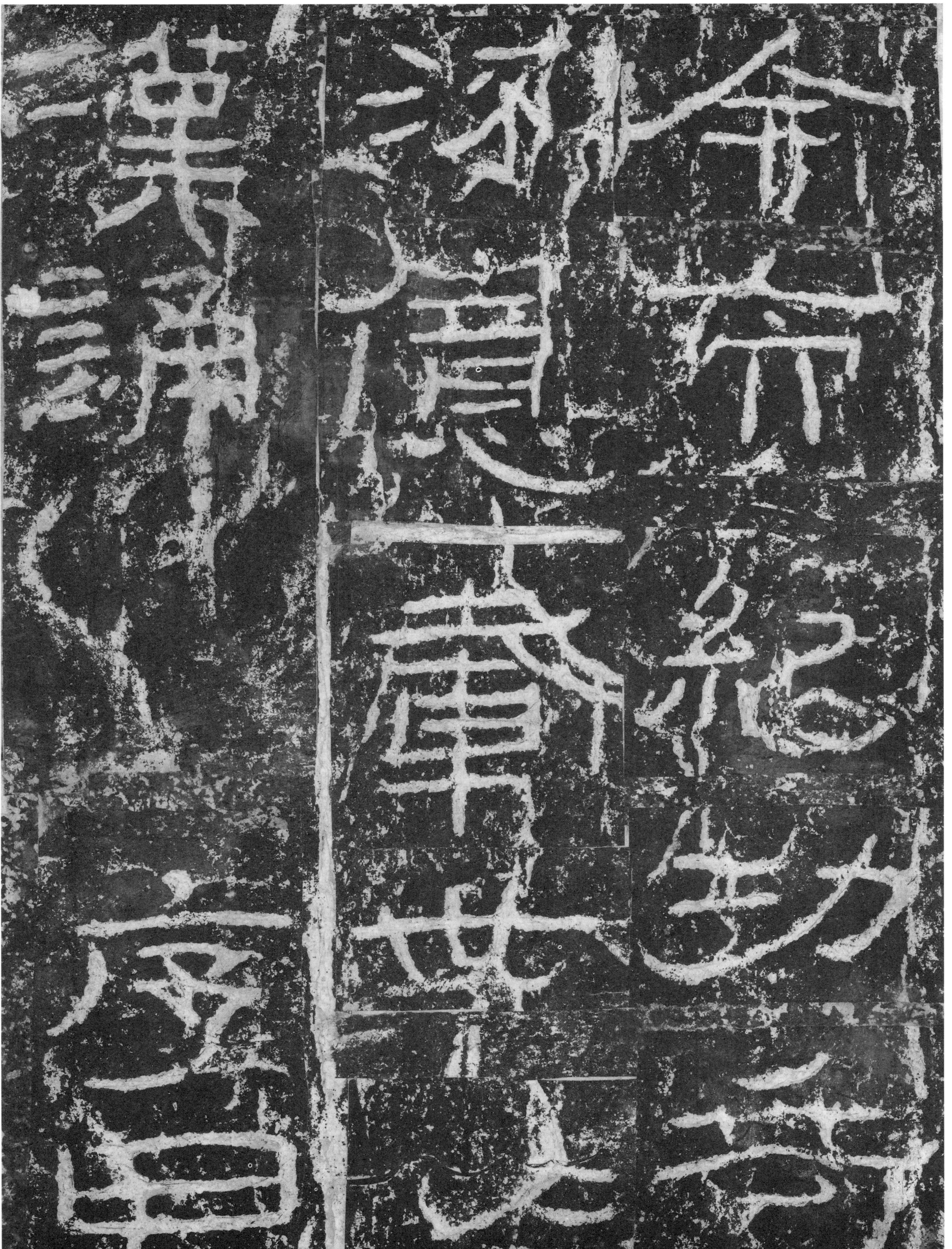

今而纪功垂　流亿载世世　叹诵序曰

明哉仁知豫　识难易原度　天道安危所

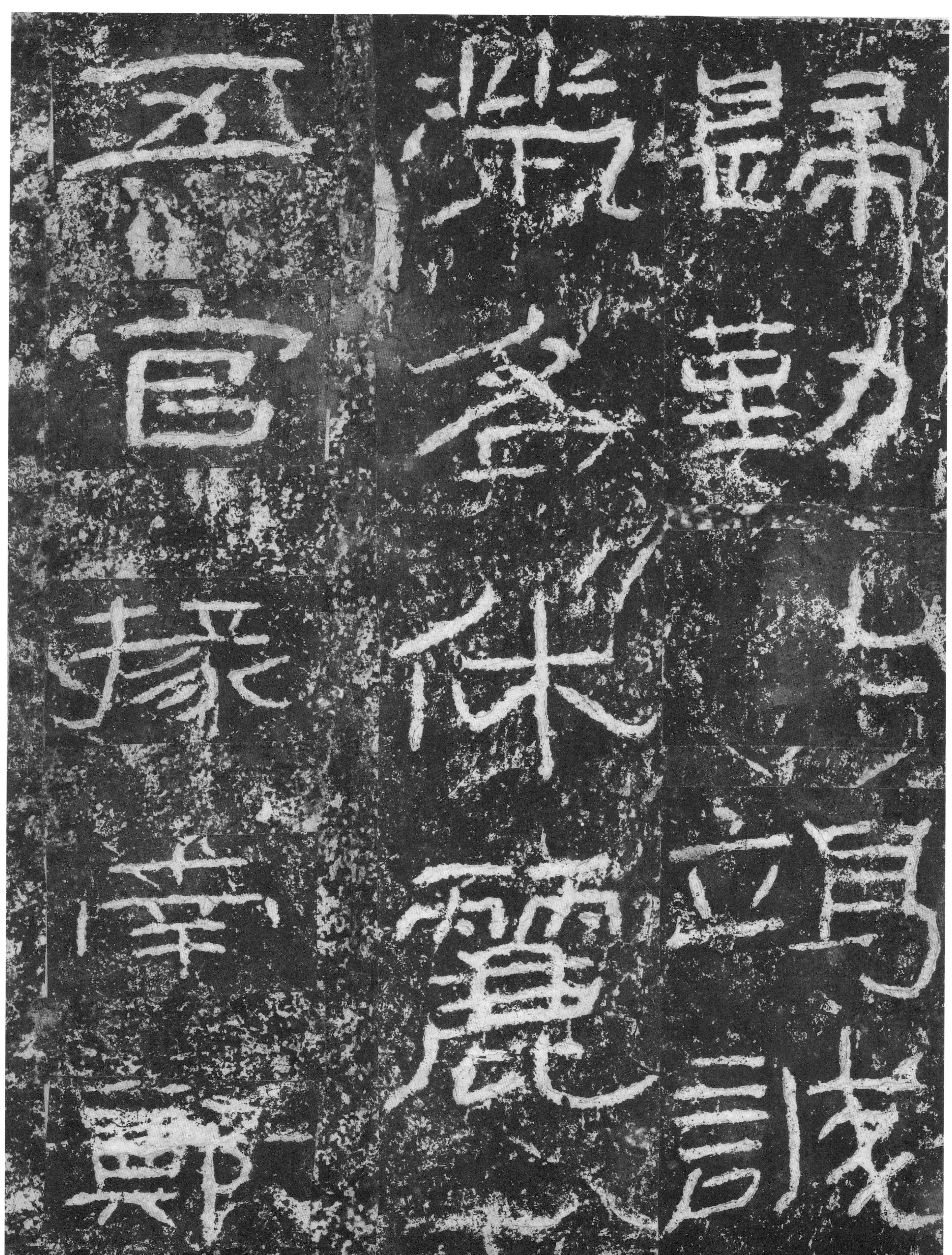

归勤勤竭诚　荣名休丽　五官掾南郑

赵邵字季南　属褒中鼂汉　疆字产伯书

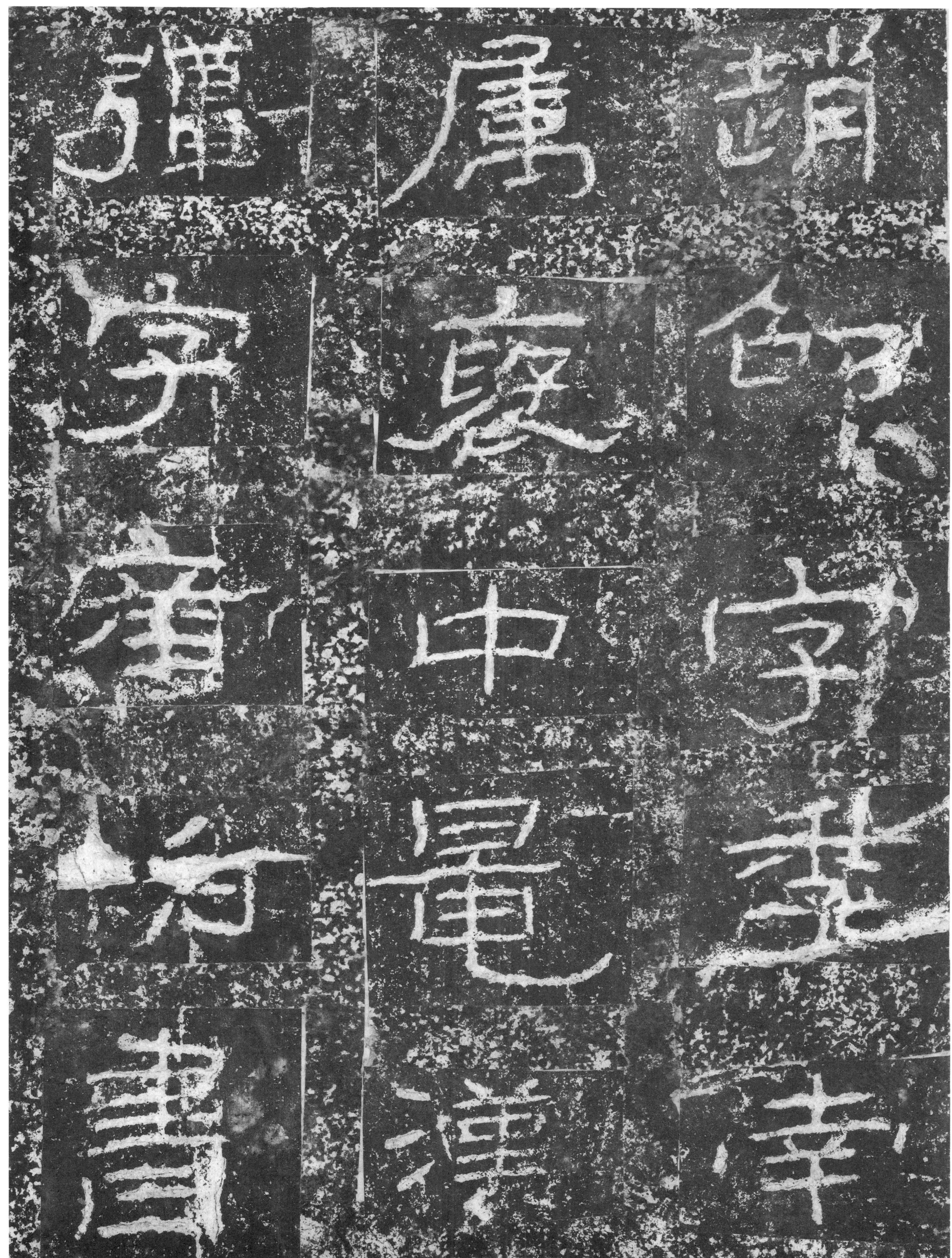

佐西成王戒　字文宝主　王府君闵谷

道危难分置　六部道桥特　遣行丞事西

成韩服字显　公都督掾南　郑巍整字伯

後遣誦
字公梁案察
中曹卓行造

作石积万世　之基或解高　格下就平易

行者欣　然焉伯玉　即日徙署行

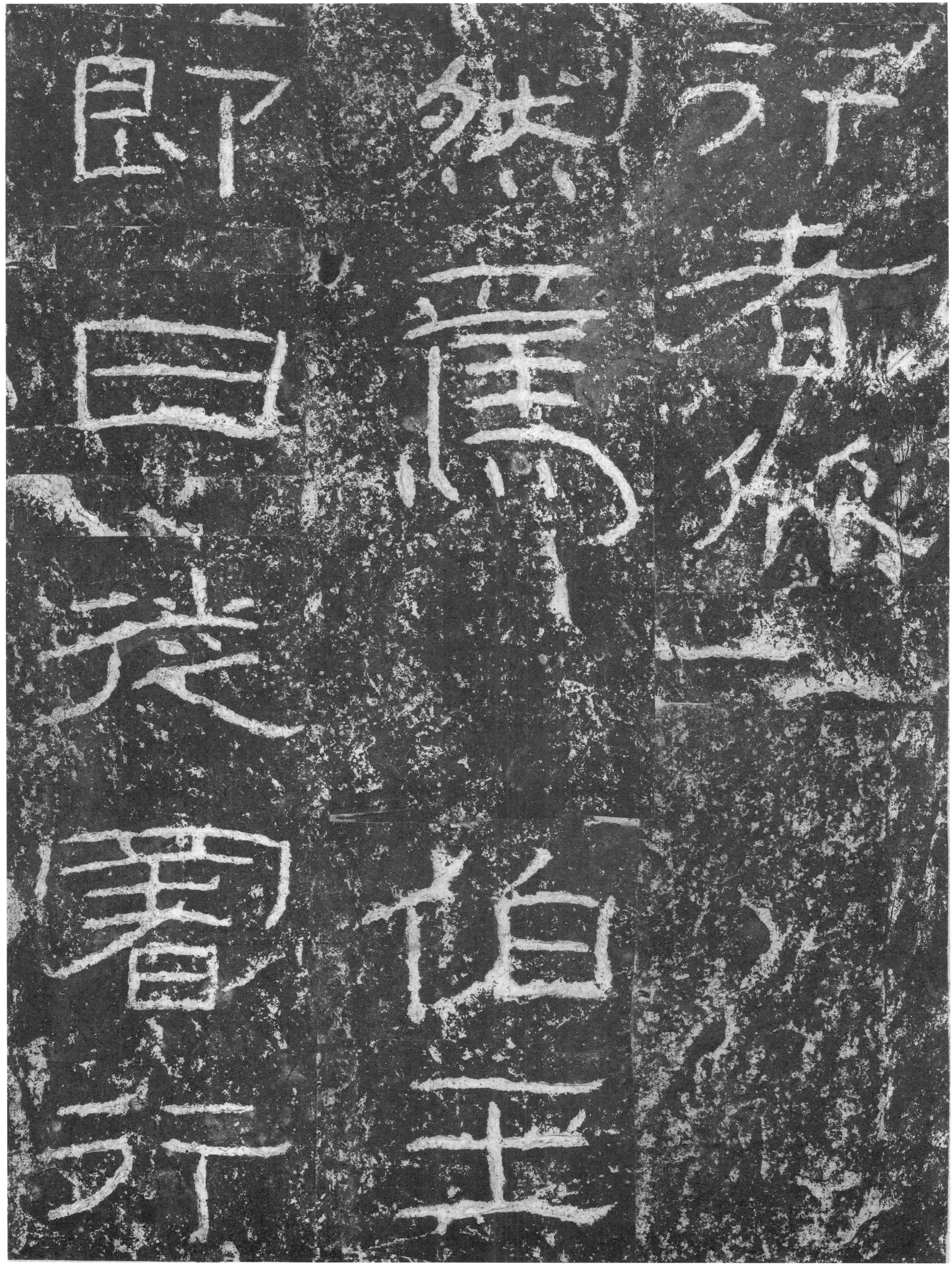

丞事守安阳　长

汉《右扶风丞李君通阁道》摩崖

（亦称《李君表》）

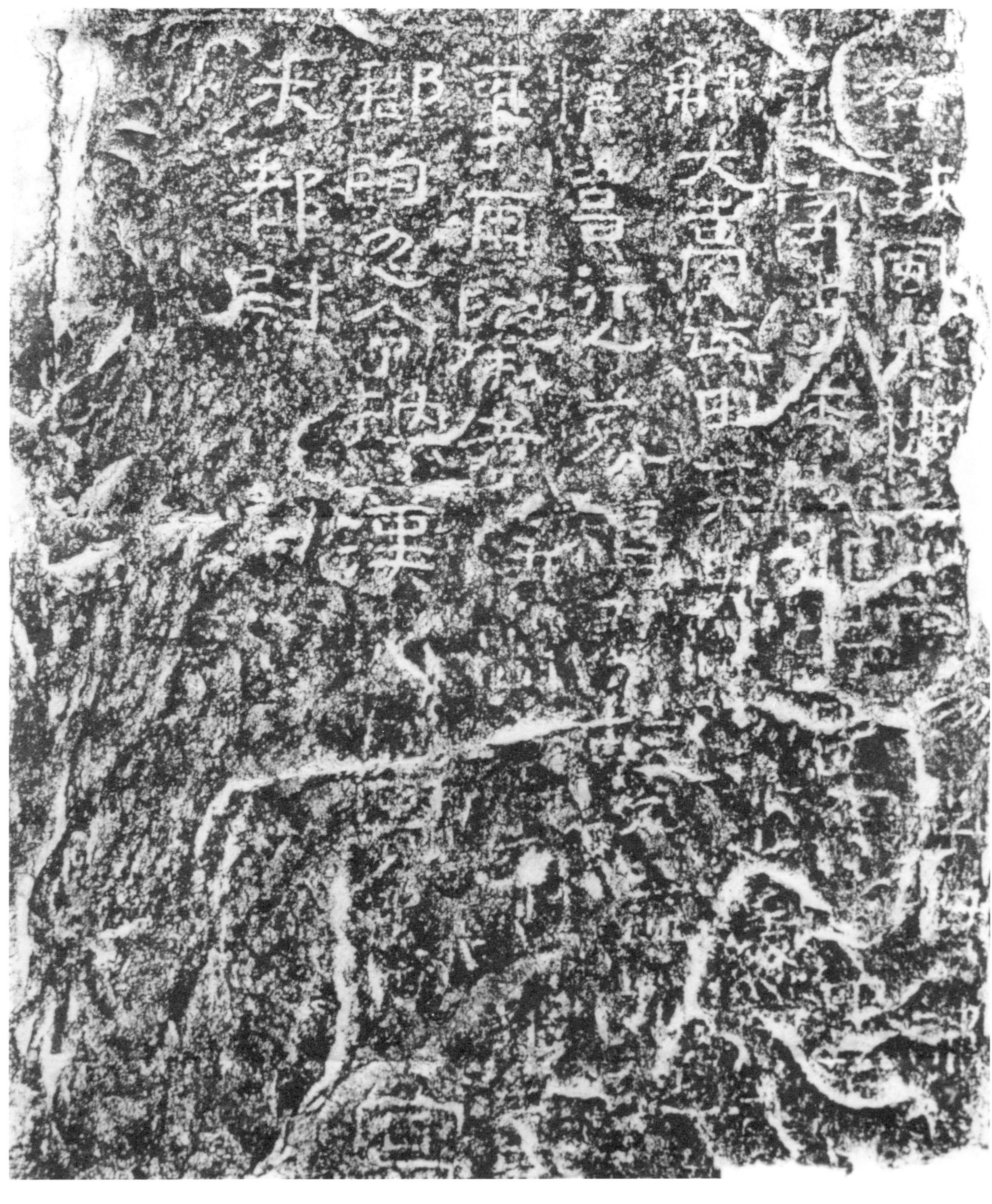

汉《右扶风丞李君通阁道》摩崖

《右扶风丞李君通阁道》摩崖，亦称《李君表》。东汉桓帝（刘志）永寿年间刻于石门北口西壁上。隶书七行，每行八至十字不等。刻石千余年为泥沙所封闭，无人知晓。清同治十三年（1874）始为褒城县教谕罗秀书发现。因石质剥落，笔画残泐，几不能识。拓片仅有五十余字，照录于后：

『右扶风丞□(楗)□(为)武阳李君讳□字季木，以永寿元□(年)中始解大台政，由其□□□□□□(欢)喜，行人蒙福，君故□□从事，再举孝廉尚□□□郡朐忍令，换汉□宜禾都尉。』

《金石续编》有此录文，共七十字。即『右扶风丞楗为武阳李君讳禹字季木，以永寿元年始解大台政，由其安平之处，万民欢喜，行人蒙福，君故授益州从事，再举孝廉尚书玺郎巴郡朐忍令，换汉中成固令，迁宜禾都尉』。

《褒谷古迹辑略》所载此刻录文共六十八字。即『右扶风丞楗为武阳李君讳寿字季休，以永寿元年中始解大台长，由其修阁道忧勤，民欢喜，行人蒙福。君故益州从事，再举孝廉尚书，改授云安郡朐忍令，换汉中郡□□宜禾都尉』。

上列录文差别较大，其中必有错讹，由于原刻缺残甚多，难以校正，仅以刻石现有字，略加勘误。《褒谷古迹辑略》作『李君讳寿字季休』，『寿』『休』二字皆误。『始解大台长』，以『政』为『长』，显误。

此残刻，略记李君姓名、爵里、仕迹及修阁道之事。李君于永寿元年始解大台政，即在此年修阁道，民受其惠。此后，李君历官巴益汉中，再迁宜禾都尉时，人感其德，乃为之记。此即刻石之年。宜禾在甘肃安息县一带，其地距汉中较远，行前汉中人勒石怀其德。

右扶风丞□(楗)□(为)武阳 李君讳□字季本 以永寿元□(年)中始 解大台政由其□□□ □□□□(欢)喜行人蒙

福君故□□从事　再举孝廉尚□□□□　郡朐忍令换汉□宜　禾都尉

汉《杨淮、杨弼表记》摩崖

（亦称《杨淮表记》）

汉《杨淮、杨弼表记》摩崖

《杨淮、杨弼表记》亦称《杨淮表记》。东汉灵帝（刘宏）熹平二年（173）刻于石门洞内西壁《石门颂》左侧。隶书七行，每行二十四至二十六字，字径五至七厘米。四川犍为人卞玉，于熹平二年（173）自京师回家，路过石门，见到《石门颂》摩崖，歌颂同乡杨涣（字孟文）的功德，有所感触，便把杨涣的后裔杨淮、杨弼兄弟二人的官职、政绩追述刻于《石门颂》之左，以怀杨氏之功德。因杨涣是汉顺帝时的司隶校尉，杨涣之子文方曾为汉中太守，文方兄之子杨淮是汉桓帝初年的司隶校尉，文方之子杨弼为冀州刺史，故在文中尊杨涣为大司隶，杨淮、杨弼为大司隶之元孙。

杨淮表记刻石，除个别字漫漶外，余皆清晰可见，且保存完好。全文一百七十三字，照录于后：

『故司隶校尉杨君厥讳淮字伯邳，举孝廉尚书侍郎，上蔡雒阳令。将军长史，任城、金城、河东、山阳太守。御史中丞，三为尚书，尚书令，司隶校尉，将作大匠，河南尹。伯邳从弟讳弼字颖伯，举孝廉，西鄂长。伯母忧，去官。复举孝廉，尚书侍郎，迁左丞，冀州刺史，太医令，下邳相。元弟功德牟盛，当究三事，不幸早陨，国丧名臣，州里失覆，二君清廉，约身自守，俱大司隶孟文之元孙也。』

『黄门同郡卞玉字子珪，以熹平二年二月廿二日谒归过此，追述勒铭，故赋表纪。』

□（史）任□（城）金城　河东山阳太　守御史中丞

三为尚书尚　书令司隶　校尉将作大

匠河南尹伯　邳从弟讳弼　字颖伯举孝

邳相元弟功　德年盛当　究三事不幸

身自守俱大　司隶孟文之　元孙也

□(黄)门同郡下　玉字子珪以

汉隶《石门》摩崖

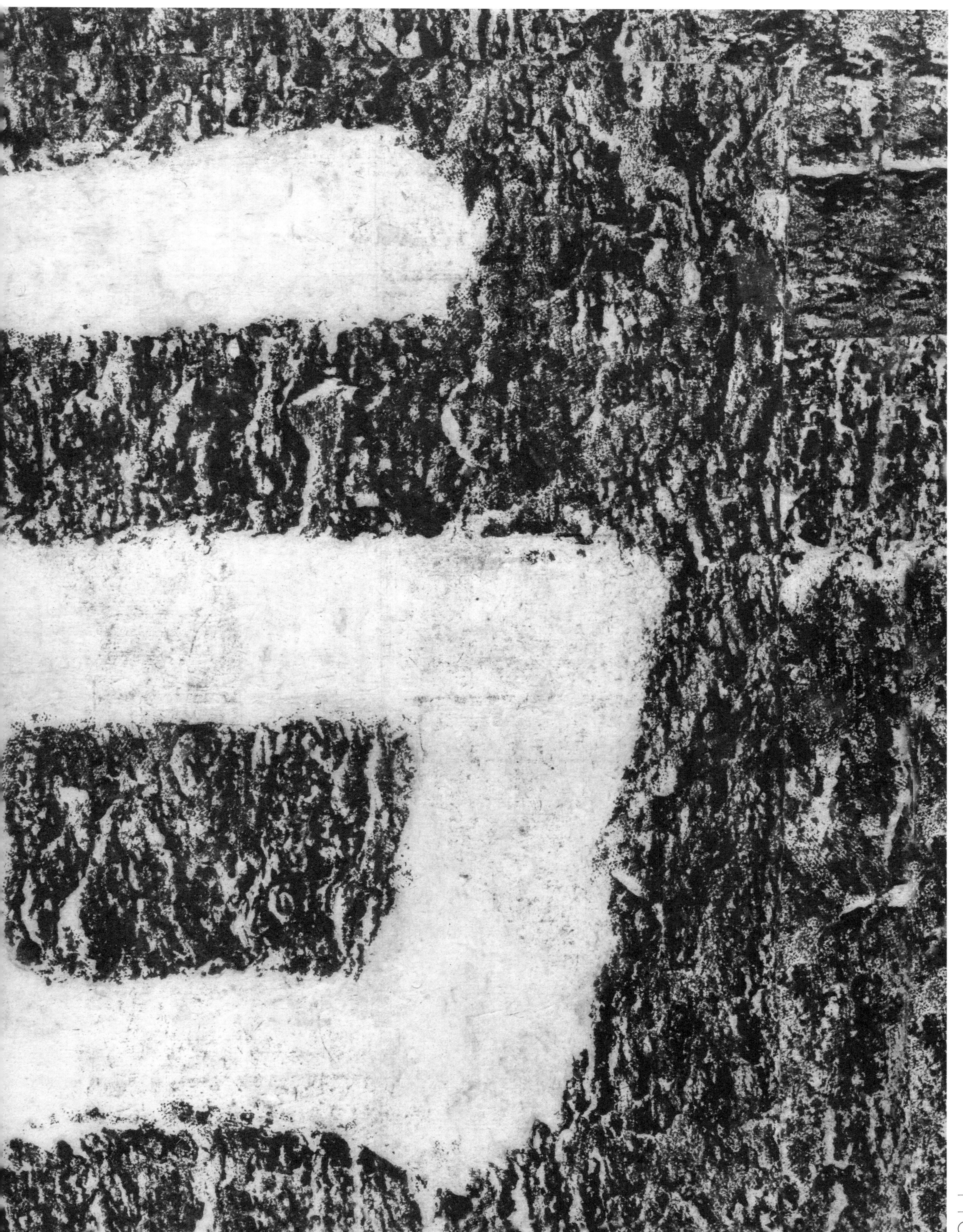

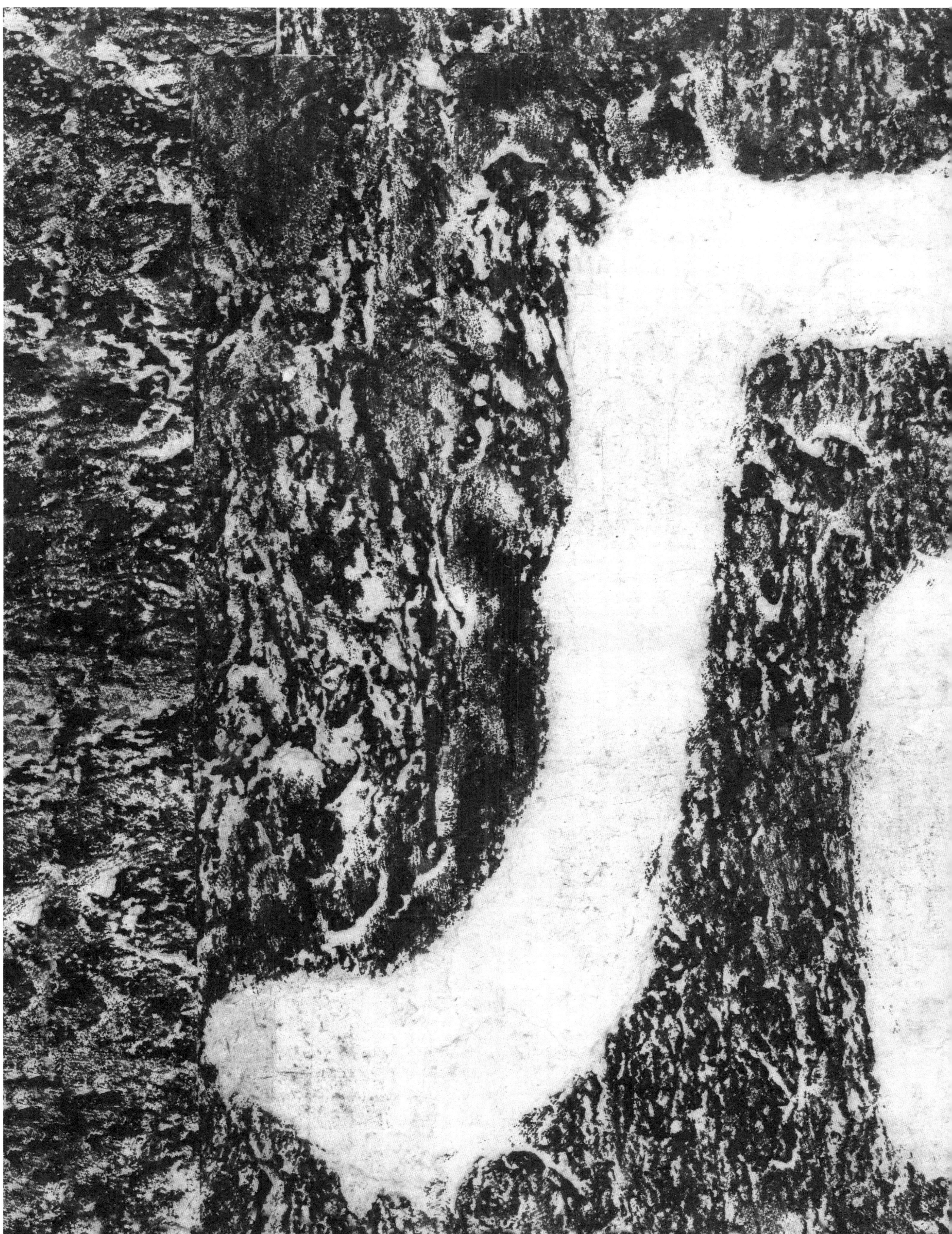

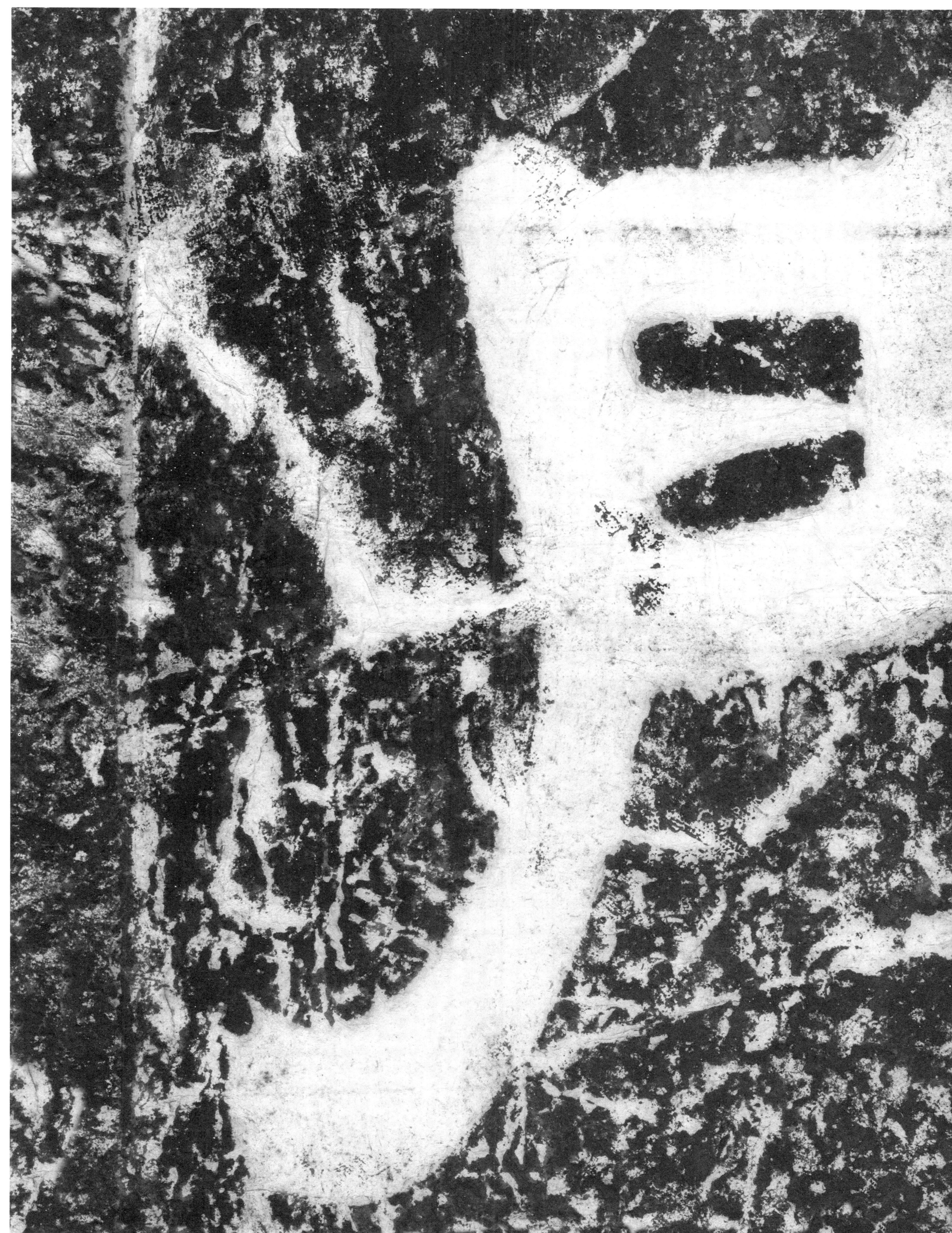

汉隶《石门》摩崖

《石门》二大字摩崖，在石门北口西壁，字径三十七厘米，无年月及书者姓名。二字竖列，间距十六厘米，字迹笔画清晰，为石门摩崖中保存最完好者。

汉隶《玉盆》摩崖

月壬申因视堰　来曹济之庞

汉隶《玉盆》摩崖

《玉盆》摩崖在石门南二里许，褒河水中一巨石上。此石中凹似盆，色白如玉，河水至此，异常平静，清澈见底，汉时有人见此，遂书『玉盆』二字以喻之。此二字镌于河中巨石之上，隶书，字径三十至三十五厘米，平日露于水面，遇水则为洪浪所淹。年代久远，字迹刻痕受流水冲蚀，仅隐约可见。其苍劲古拙，堪称汉刻佳品。可惜原石磨损殊甚。南宋时游人恐其真迹为流水泯灭，乃于原石上部另镌小隶书『玉盆』二字，字径十八至二十三厘米。原刻为横列，新刻为竖列，是因地制宜之故。《汉中府志》载：『褒水东岸有石，自然如盆，光洁如玉。』清人罗秀书在《褒谷古迹辑略》中说：『「玉盆」（指横列）二字笔力是东汉体，惜无名姓，然旁有石孔四，昔覆亭于上，必非常人也。余始至褒闻老生云「玉盆」旧有留侯书，今无矣。』『留侯书』系传说，尚待考证。留侯张良于公元前206年离汉时，刘邦送至褒中，张良献策烧栈道示项羽无『东意』，以防诸侯盗兵袭之，刘邦采纳了这个建议，命张良在归途中尽烧所过栈道。张良急于返回烧栈道，未必有兴致游览褒谷山水，刻石留名。据书体的时代风貌，为东汉人手迹。

『玉盆』素为褒谷之胜，凡游褒谷者，必玩『玉盆』。《金石萃编》载：『玉盆题名十二段』，依其时间先后，照录于后：

1.『崇宁□（改）元(北宋徽宗赵佶崇宁元年，即1102年)，□二十有□，□台张元翊，成□袁震武，岐下□师敏同游，穷溪壑之胜，刻玉盆之阳。』(横广四尺四寸五分，高三尺六寸七分。七行，行五六字不等，左行正书)

2.『河南李□彦粹游石门，登玉盆，预行者定武□□子实，开封王师彦希贤、徐师民叔瞻，秦亭李师古□从，冯翊傅汝砺彦正、洛阳□中直子正。建炎己酉岁（南宋高宗赵构建炎三年，即1129年）清明前一日行记，男松年侍。』(高二尺五寸，广一尺九寸五分。七行，行十、十一字不等，左行正书)

3.『晏德广、段□□……师命祷雨，升潭□……而去。□（淳）熙甲辰(南宋孝宗赵昚淳熙十一年，即1184年）……』(高三尺一寸，广二尺九寸。三行，行六七字不等，隶书)

4.『石邵、段雄飞、晏袤，前时以祷雨舣舟玉盆侧。志岁月而去。乙巳清明前一日，以董堰复来同登，汛扫纵观。方羊久之。』(横广三尺一寸三分，高三尺三寸五分。六行，行七八字不等，隶书）注：『乙巳』，为南宋孝宗淳熙十二年(1185)。『方羊久之』，即喜欢玉盆石刻，盘桓流连，久久不忍离去之意。

5.『闾丘资深、田德夫、章德，庆元二年（1196）二月壬申，因视堰来。』(高四尺八寸，广二尺四寸。三行，行七八字不等，隶书)

6.『郭嗣卿、陈季时、程清叔。庆元戊……』(高二尺，广仅存一尺五寸五分。三行，行四字，正书）注：『戊』后所缺之字为『午』字。『戊午』即庆元四年(1198)。

7.『开禧二年（1206)，人日（即正月初七)，牟节甫、刘叔静来。』(高一尺九寸五分，广一尺五寸四分。四行，行四五字不等，正书)

8.『晶然安丙子文，抱孙、明孙与李□贵同来，嘉定己巳(南宋宁宗嘉定二年，即1209年）闰月清明日。』(高一尺八寸八分，广一尺五寸三分。四行，行七字左右，正书)

9.『李□熊来，嘉定端午。』(三行，行三字，隶书)

10.『邑令何武仲拉资中黄元英、广汉沈德明、普慈周伯光、黄养源来，同二子禄孙和孙侍行。嘉定辛未（南宋宁宗嘉定四年，即1211年）中秋后十日（八月二十五日)。』(高一尺九寸五分，广一尺五寸五分。七行，行六七字不等，正书)

11.『曹济之、庞公巽，曹璋，李禀，绍定己丑（南宋理宗绍定二年，即1229年)清明日识。』(三行，行八字，正书)

12.『石盆应有意，要洗贪者廉。前郡□李一鳌。』(高四尺六寸四分，广三尺七寸。五行，行四字，正书)。注：《汉中府志》载，『李一鳌，南郑人，明万历三十四年(1606)「丙午科」举人，万历三十八年(1610)「庚戌科」进士。曾任大名令及左布政使』等职。

『玉盆题名十二段』的时间，自北宋徽宗崇宁元年(1102)至明思宗崇祯元年(1628)，前后五百二十七年，仅有第五段、第十一段移存汉中市博物馆，其余皆毁。

汉隶《石虎》摩崖

汉隶《石虎》摩崖

褒谷南口河东，有一山峰称『石虎峰』，隔河与石门相望，群众中流传的『石门对石虎』，就指这里。石虎峰远看如下山猛虎，做弓腰欲扑之状。相传西汉隐士郑子真见此峰，书『石虎』两个大字以喻之。此二字刻于石虎峰下的山崖间，字径三十厘米，隶书，落款署名『郑子真书』。

在《石虎》摩崖左下方，虽有郑子真的署名，但细看『郑子真书』四小字，较之『石虎』两大字，笔法和书意不尽一致；况汉刻多不署名，郑为隐士，更不可多此一举，疑此四小字为后人对郑子真的仰慕而加刻上去的。

东汉赵岐《三辅决录》记曰：『郑朴字子真，谷口人也。修道静默，世服其清高。成帝时，元舅大将军王凤以礼聘之，遂不屈。扬雄盛称其德曰：谷口郑子真，耕于崖石之下，名震京师。』《元和郡县志·关内道一》称：『礼泉县本汉谷口县地，……当泾水出山之处，故谓之谷口。』然而，晋常璩《华阳国志·汉中士女》称：『郑子真，褒中人也。』《陕西金石志》《汉中府志》《褒城县志》皆然此说。基于此因，郑子真在褒谷中的轶事及其有关景点由来已久。郑氏虽非汉中褒谷人，但也不能断然否定他在汉中的游迹。

汉隶《衮雪》摩崖

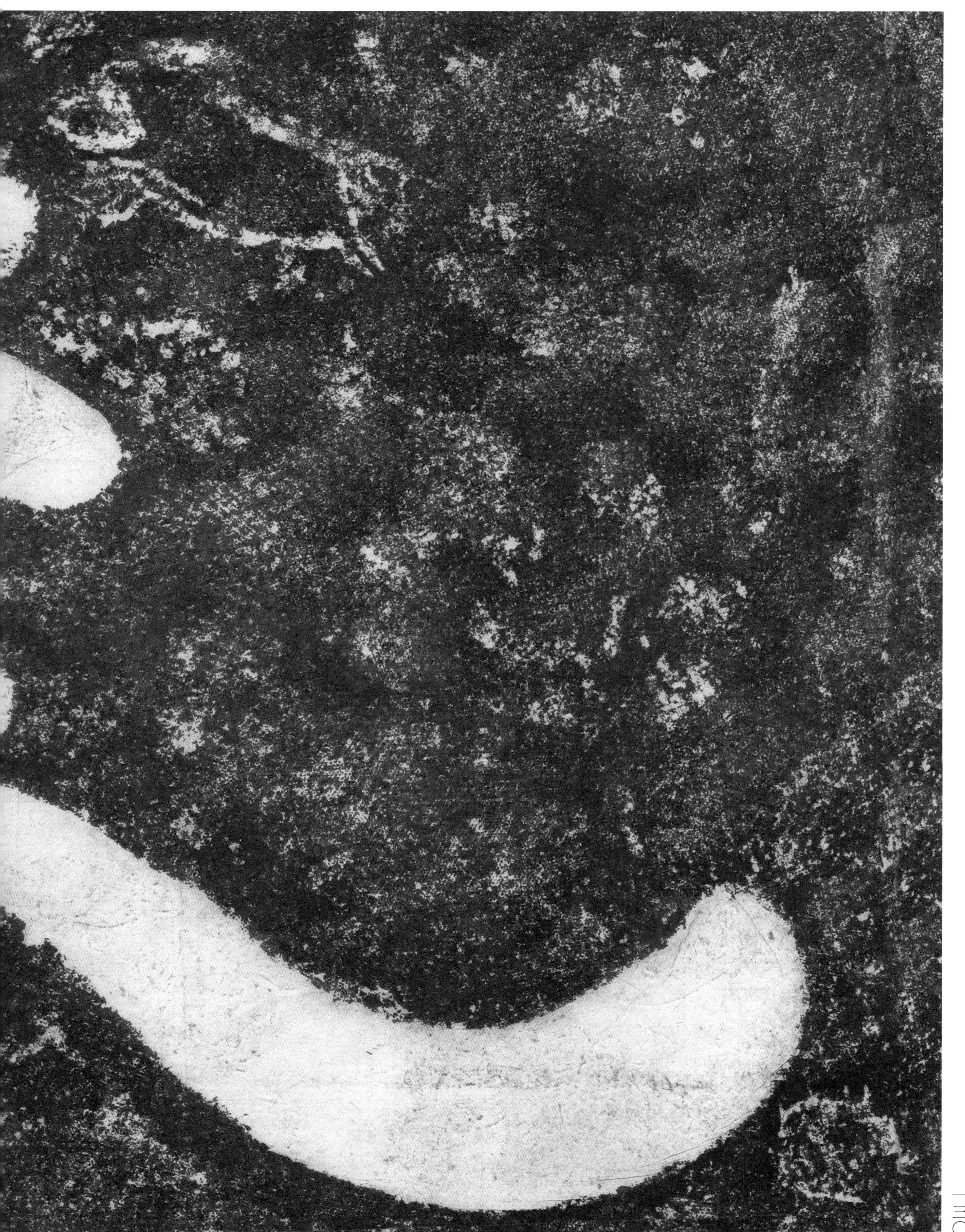

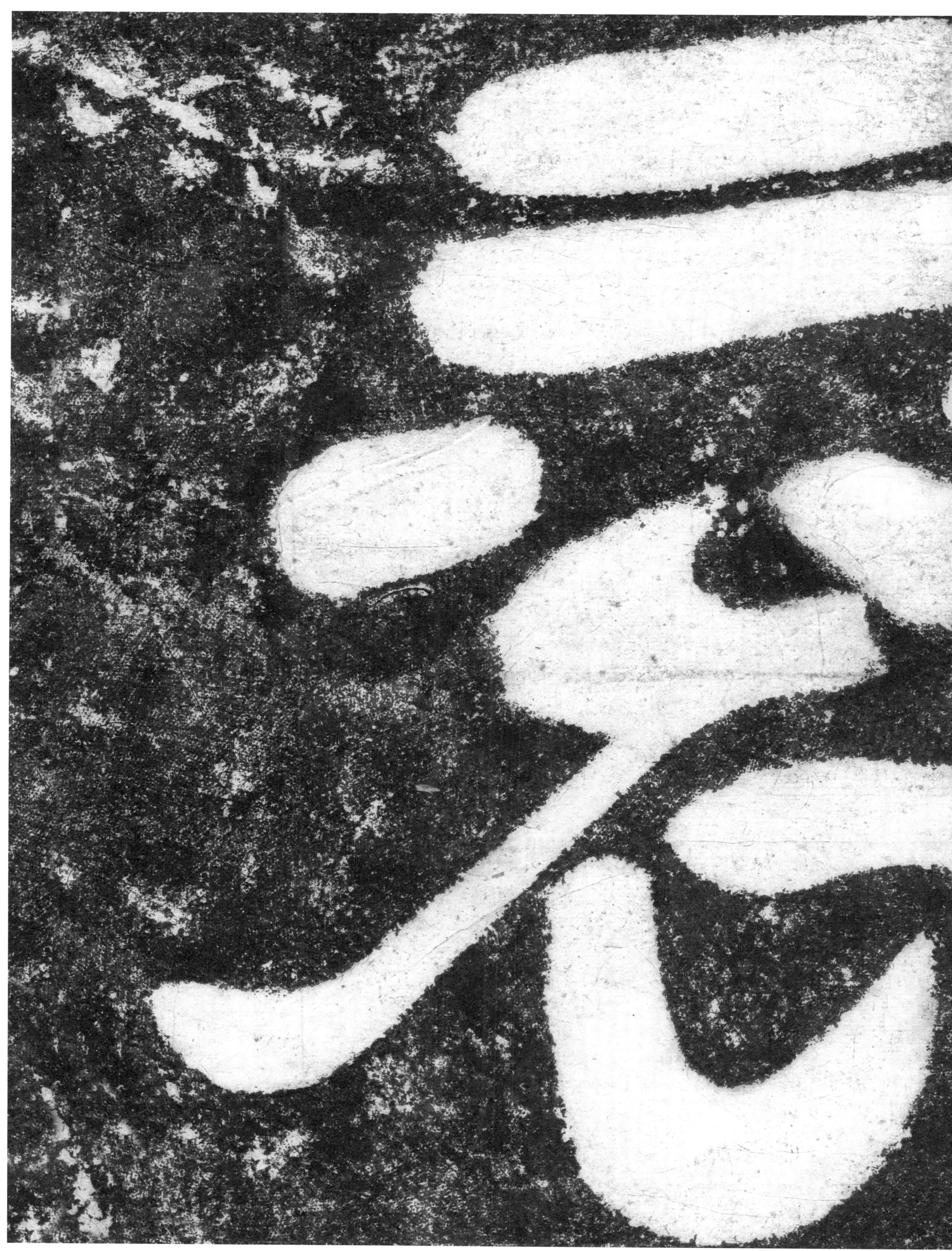

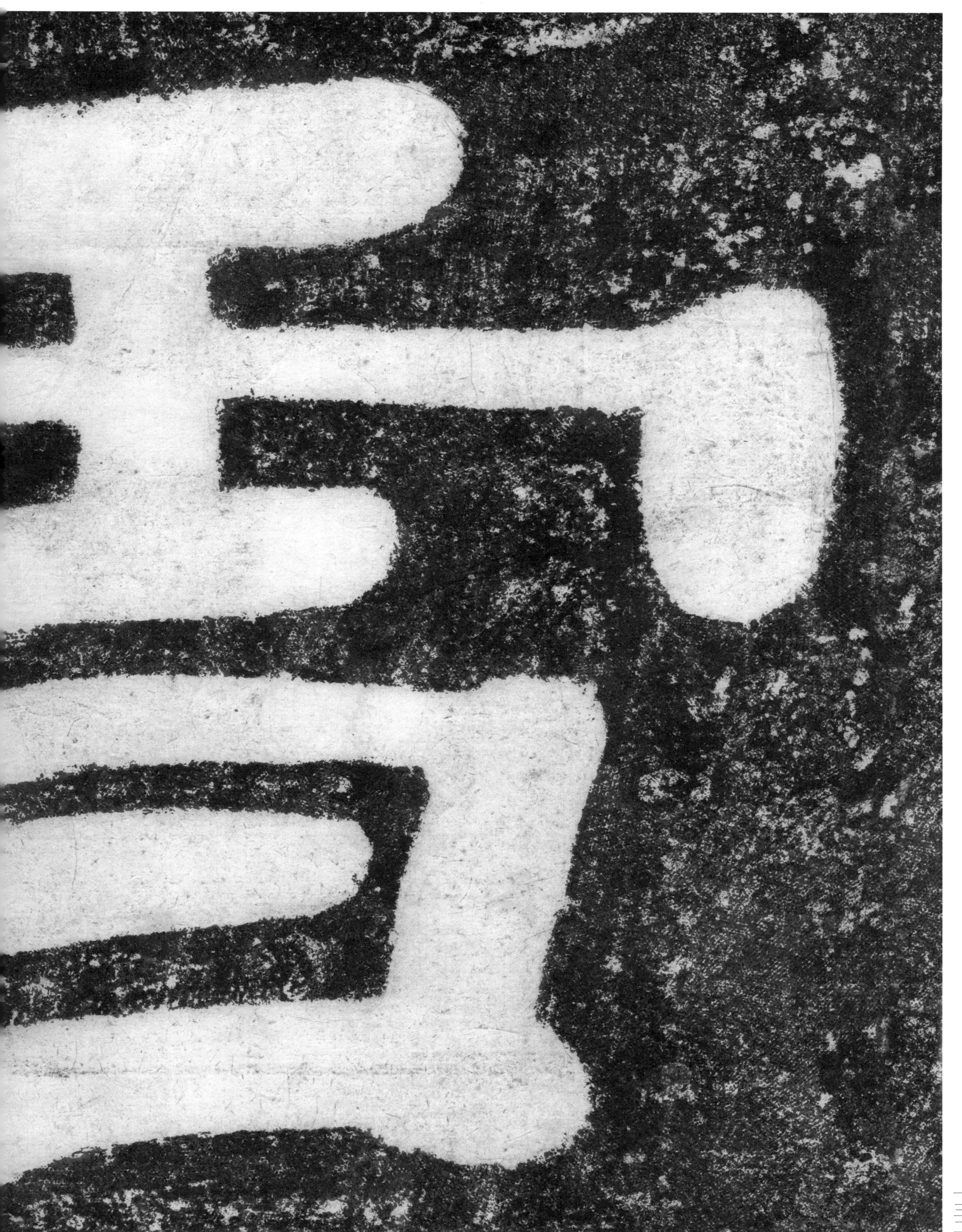

魏
王

汉隶《衮雪》摩崖

隶书《衮雪》二大字摩崖，刻在石门隧道以南激流中巨石上，褒水经此，上下落差较大，水流湍急，加之受乱石遏阻，喷沫飞溅如滚雪之状。相传曹操见此胜迹，乃书『衮雪』二字以喻之。后人慕曹操之名，在『衮雪』二大字下侧，镌刻小隶书『魏王』二字并覆亭其上。世代更迭，亭已毁。『衮雪』二字刻石，虽因捶拓日久，略有泐痕，但保存较好。『衮雪』二大字系横列，字径三十五至四十六厘米。『衮』与『滚』通。

曹魏《李苞通阁道题名》摩崖

曹魏《李苞通阁道题名》摩崖

《李苞通阁道题名》摩崖，魏元帝（曹奂）景元四年（263）刻于石门北口上方东侧的峭壁上。由于山石崩塌而断裂，其残刻于清同治十年（1871）为褒城县教谕罗秀书发现，仅有遗文两行，可见者十六字：『□景元四年十二月十日，荡寇将军浮亭侯……』隶书，字径二至三厘米，字迹漫漶，笔势松散，似随意而作，不事雕饰。

在石门南侧山崖间，另有一个《李苞通阁道题名》刻石，共三十八字：『景元四年十二月十日，荡寇将军浮亭侯谯国李苞字孝章，将中军兵石木工二千人，始通此阁道。』在此摩崖右侧，另有《潘宗伯、韩仲元通阁道题名》，记晋泰始六年（270）修栈道事。这两段不同时代的摩崖，出于一人手笔，字径四厘米左右，体介篆隶之间，笔力遒劲。参看图片可知，这两段摩崖同为晋人之手迹。否则，首段摩崖高出四格就无从得解。盖晋人题刻时，已见《李苞通阁道题名》摩崖有断裂之势，恐其泯灭，乃重刻之。此重刻之摩崖已湮没水库中，原刻《李苞通阁道题名》摩崖上半部残刻现存于汉中市博物馆。

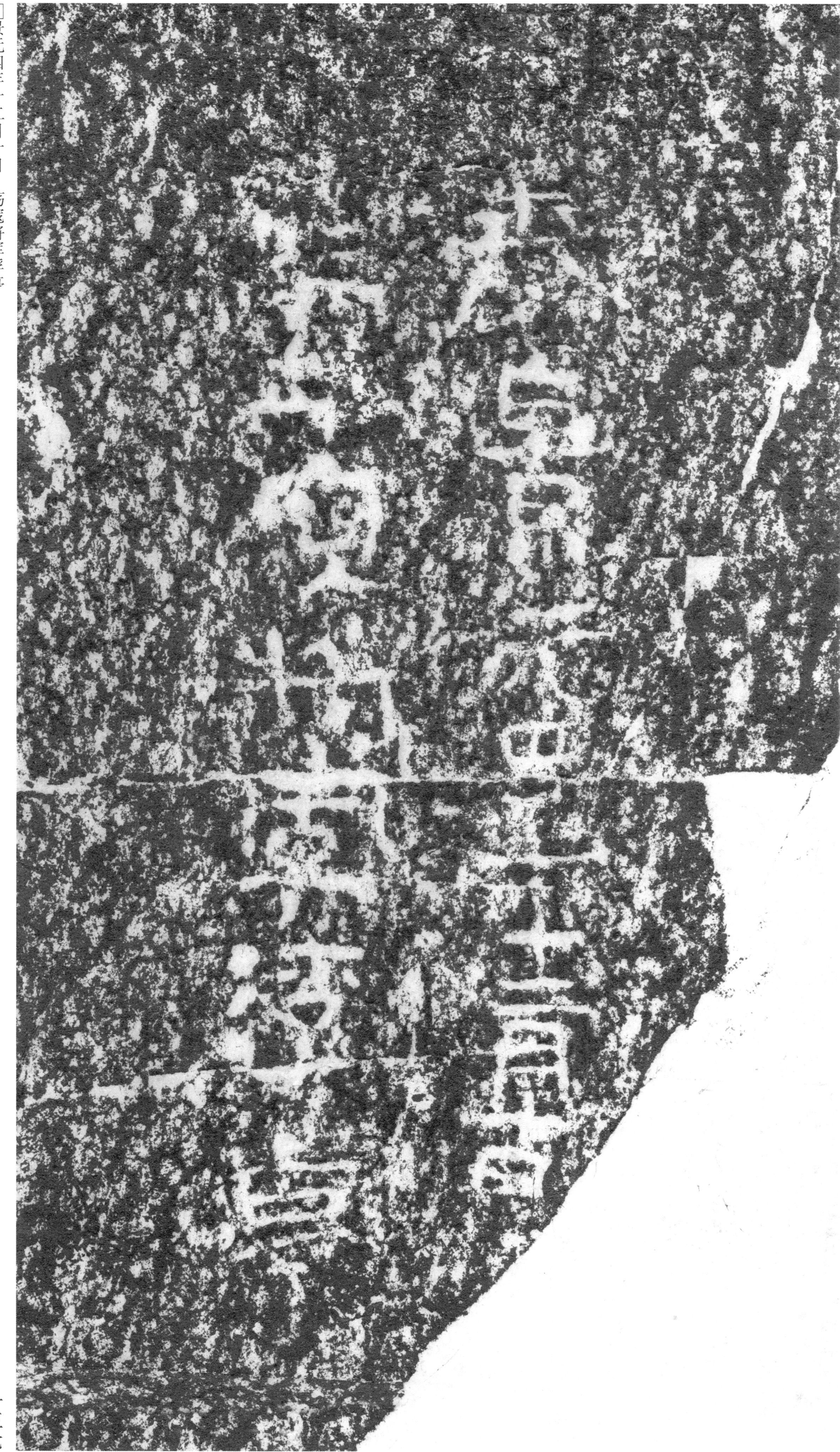

北魏《石门铭》摩崖

北魏《石门铭》摩崖

《石门铭》摩崖，北魏宣武帝(元恪)永平二年(509)刻于石门洞内东壁，楷书二十七行，每行二十二字，字径五至六厘米。北魏梁秦典签王远撰文并书写，石师武阿仁凿字。《石门铭》叙述西晋王朝东迁，南北朝对峙，褒斜道废弃不用，石门因而闭塞。至梁武帝(萧衍)天监三年(504)，梁州刺史夏侯道迁以汉中叛降北魏，至北魏宣武帝正始三年(506)，梁秦二州刺史羊祉，奏请修复褒斜道。北魏王朝派遣左校令贾三德率领刑徒一万人，石师百名进行修复。至永平二年(509)竣工，由当时梁秦典签王远写了一篇歌颂羊、贾二人修复褒斜道功绩的铭文，刻在石门洞内，故称《石门铭》。其情文并茂，读之酣畅，且书法为北碑中精品，备受推崇。

《石门铭》下方还有一小方摩崖，高九十八厘米，宽二十八厘米，楷书七行，每行七至九字不等，后有『贾哲字三德』题名。此称《石门铭小记》。内容是叙述石门开凿于东汉永平，修复于北魏永平，皆称『永平』，以为异事而记。《小记》未题年、月，后有『贾哲字三德』之署名，历代识者以其与《石门铭》同为一体。

《石门铭》是北魏著名石刻之一，有很高的史料价值，其书法富有典型的魏碑特色，是研究我国书体演变极为珍贵的实物标本，向为金石、书法、文史界推崇。有关著录不少，但由于交通闭塞，研究者难以亲睹原刻，传世拓片，有些字迹残缺，有的著录出现疏漏。今据原刻，照录全文：

□(此)门盖汉永平中所穿，将五百载。世代绵回，戎夷递作，乍开乍闭，通塞不恒。自晋氏南迁，斯路废矣！其崖岸崩沦，涧阁湮褫，门南北各数里车马不通者久之。攀萝扪葛，然后可至。皇魏正始元年，汉中献地，褒斜始开。至于门北一里西上凿山为道，峭岨盘迂九折无以加，经途巨碍，行者苦之。梁秦初附，实仗才贤，朝难其人，褒简良牧。三年，诏假节龙骧将军督梁秦诸军事梁秦二州刺史泰山羊祉，建旟嶓漾，抚境绥边，盖有叔子之风焉。以天崄难升，转输难阻，表求自回车已南开创旧路，释负之劳，就方轨之逸。诏遣左校令贾三德，领徒一万，石师□(百)人，共成其事。三德巧思机发，精解冥会，虽元凯之梁河，德衡之损蹑，未足偶其奇。起四年十月十日，讫永平二年正月毕功。阁广四丈，路广六丈，皆填磎栈壑，砰崄梁危，自回车至谷口二百余里，连辀骈辔而进，往哲所不工，前贤所辍思，莫不夷通焉。王生履之，可无临深之叹；葛氏若存，幸息木牛之劳。于是畜产盐铁之利，纨绵罽毲之饶，充牣川内，四民富实，百姓息肩，壮矣！自北思埒班尔，筹等张蔡，忠公忘私，何能成其事哉？乃作铭曰：龙门斯凿，大禹所彰。兹岩乃穴，肇自汉皇。导此中国，□(以)宣四方。其功伊何，既逸且康。去深去阻，匪阁匪梁。西带汧陇，东控樊襄。河山虽险，汉德是强。昔惟畿甸，今则关疆。永怀□(古)□(烈)，□(迹)在人亡。不逢殊绩，何用再光。水眺悠□(皛)，林望幽长。夕凝晓露，昼含曙霜。秋风夏起，寒鸟春伤。穹隆高阁，有车辚辚。咸夷石道，驷牡其駉。千载绝轨，百辆更新。敢刊岩曲，□□鸿尘。魏永平二年太岁己丑正月己卯朔卅日戊申梁秦典签太原郡王远书石师河南郡洛阳县武阿仁凿字。

《石门铭小记》原刻照录于后：本西壁文后汉永平中开石门，今大魏改正始五年为永平元年，余功至二年正月，讫乎开复之年同曰永平，今古同前极矣哉！后之君子异世同闻焉。贾哲字三德

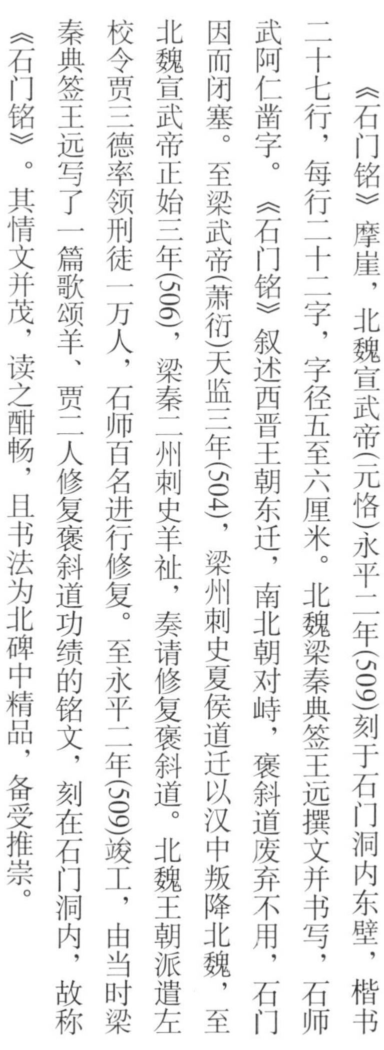

□(此)门盖汉永平　中所穿将五　百载世代绵

回戎夷递作　乍开乍闭通　塞不恒自晋　氏南迁斯路

废矣其崖岸　崩沦涧阁湮　褫门南北各　数里车马不

通者久之攀　萝扪葛然后　可至皇魏正　始元年汉中

献地褒斜始　开至于门北　一里西上凿　山为道峭岨

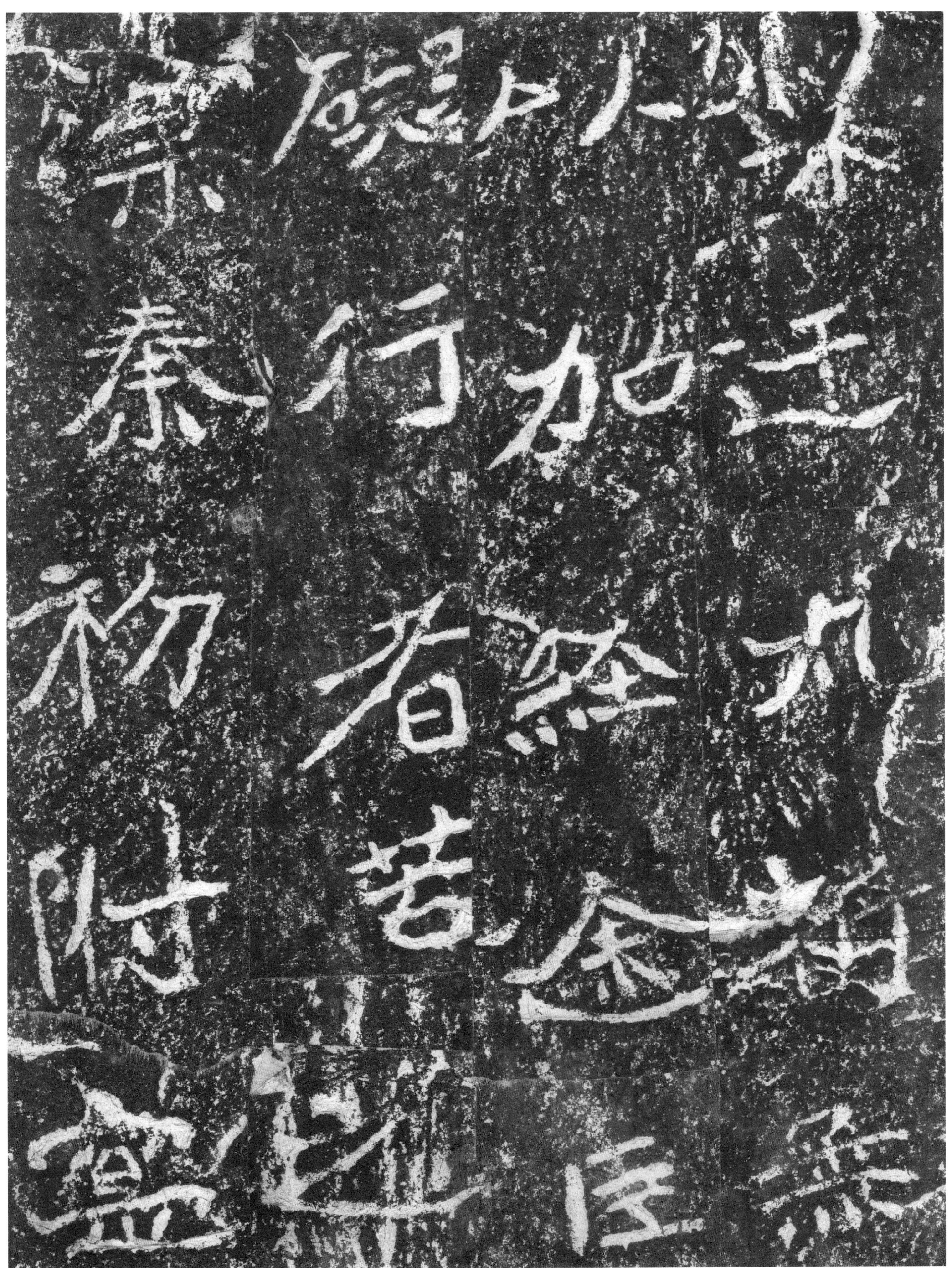

盘迂九折无　以加经途巨　碍行者苦之　梁秦初附实

仗才贤朝难　其人褒简良　牧三年　诏假节龙骧

将军督梁秦　诸军事梁秦　二州刺史泰　山羊祉建旟

嶓漾抚境绥　边盖有叔子　之风焉以天　崄难升转输

难阻表求自　回车已南开　创旧路释负　□(之)□(劳)□□□

之逸诏遣左　校令贾三德　领徒一万　石师□(百)人共成

其事三德巧　思机发精　解冥会虽元

凱之梁河德　衡之損　躡未足偶其　奇起四年十

月十日讫永　平二年正月　毕功阁广四　丈路广六丈

皆填磎栈壑　砰崄梁危自　回车至谷口　二百余里连

𨊻骈辔而进　往哲所不工　前贤所辍思　莫不夷通焉

王生履之司　无临深之叹　葛氏若存幸　息木牛之旁

于是畜产盐　铁之利纨绵罽　毼之饶充牣　川内四民富

实百姓息肩　壮矣自北思　埒班尔筹等　张蔡忠公忘私

何能成其事　哉乃作铭曰　龙门斯凿大　禹所彰兹岩

乃穴肇自汉　皇导此中国　□(以)宣四方其功　伊何既逸且

康去深去阻　匪阁匪梁西　带汧陇东控　樊襄河山虽

险汉德是强　昔惟畿甸今　则关疆永怀　□(古)□(烈)□(迹)在人亡

不逢殊绩何　用再光水眺　悠□(畾)林望幽长□(夕)　凝晓露昼

含曙霜秋风　夏起寒鸟春　伤穹隆高阁　有车辚辚咸

夷石道驷牡　其驷千载绝　轨百辆更新　敢刊岩曲□□

梁秦典签太　原郡王远书　石师河南郡洛阳　县武阿仁凿字

本西壁文后汉　永平中开石　门今大魏改正

始五年为永平　元年余功至　二年正月讫

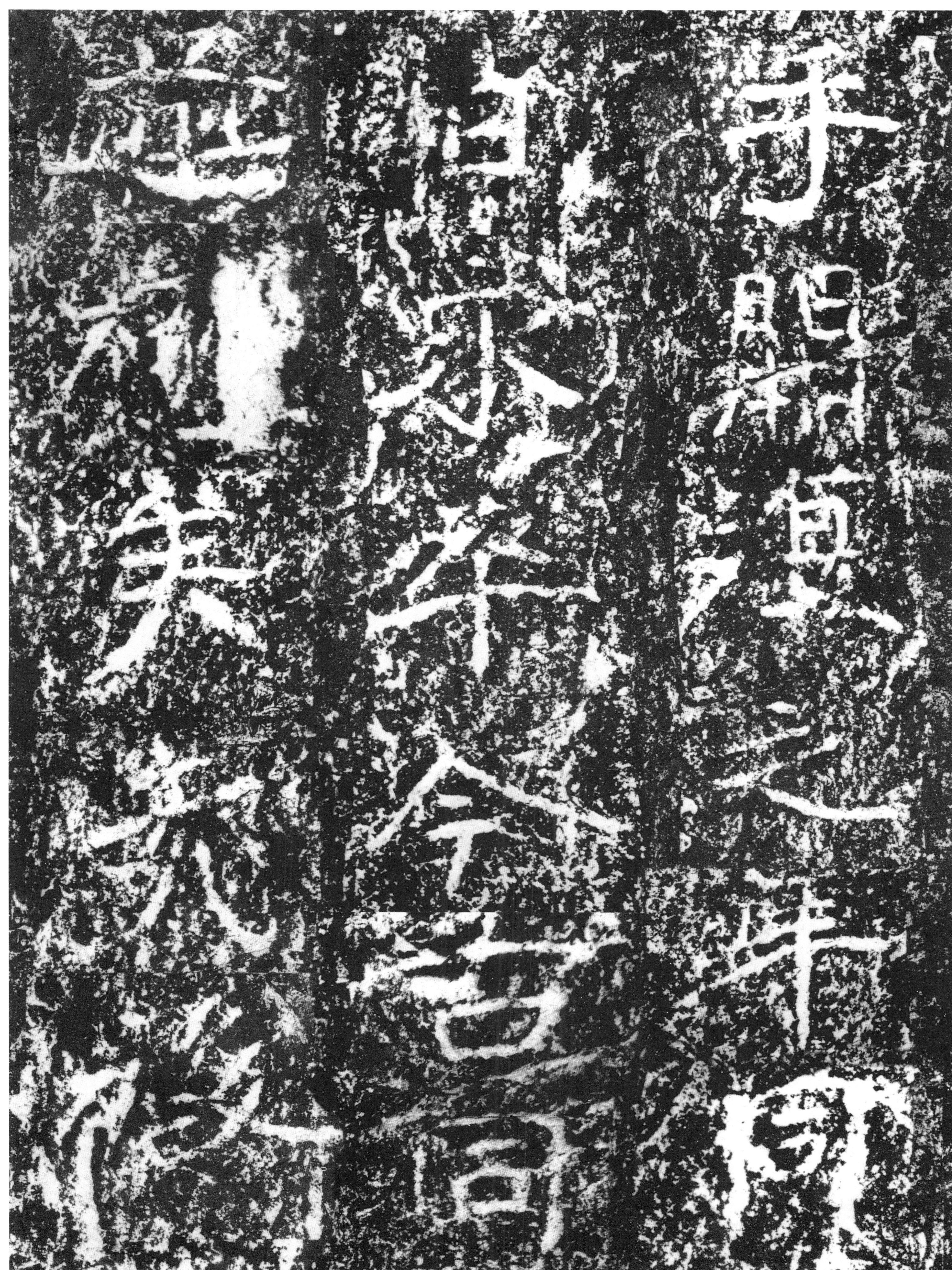

乎开复之年同　曰永平今古同　前极矣哉后

之君子异世　同闻焉　贾哲字三德

南宋《晏袤释潘宗伯、韩仲元、李苞通阁道》摩崖

南宋《晏袤释潘宗伯、韩仲元、李苞通阁道》摩崖

《晏袤释潘宗伯、韩仲元、李苞通阁道》摩崖，简称《潘宗伯等通阁道释文》。《释文》旁边有两段刻字，一为《潘宗伯韩仲元通阁道》摩崖：晋武帝（司马炎）泰始六年（270）刻于石门洞南口外左侧崖际。一为重刻《李苞通阁道》摩崖，前有题款。字径四厘米左右，字迹漫漶，现将可辨认者照录于后：

正文两段，第一段一行，十九字，可辨认者十五字：

『□□伯韩仲元以泰□六年五月十日造此石□。』

第二段三行，三十七字，可辨认者二十六字：『景元四年十二月十日，荡寇将军浮□□□李苞□□□□□□□木工二千人始通此阁道。』

两段刻字的后面，即南宋宁宗庆元元年（1195）南郑县令晏袤之《释文》，通篇为隶书，字径三至四厘米。据最近拓片，将全文录后：

『魏潘宗伯、韩仲元、李孝章通褒斜阁道碑字

潘宗伯、韩仲元记造桥阁十九字，绍熙甲寅（绍熙五年，即1194年）始见于石门之南崖。其泰字下一字不显，止有六年以下字，至此字下三字又不能识，微有偏旁。汉魏两晋以泰纪年者凡七，惟魏明帝有泰和六年，晋武帝有泰康十年，余皆一二年或四三年，则知此为泰和六年明矣。是岁，蜀建兴十年，先是泰和四年，魏司马懿伐蜀。五年，蜀诸葛亮围祁山，魏诏司马懿拒之。秋七月，亮复军。明年，亮休士作木牛流马，故魏人得入褒谷治桥阁矣。后题景元四年三十八字者，魏陈留王年号。自泰和六年至此，凡三十有三年，则此二号皆魏之纪年无疑。其书荡寇将军云者，蜀张嶷亦有此将军号。魏荡寇将军浮亭侯李苞字孝章，复通此阁道于景元四年，即蜀炎兴元年冬十一月，魏钟会、邓艾率众伐蜀，至江油降马邈，至绵竹斩诸葛瞻，刘禅诣艾降，巴蜀皆平。十二月，魏分益州为梁州，褒斜阁道于是乎通矣。庆元元年中秋日南郑令临淄晏袤书。』

晏袤释文与重刻的《潘宗伯、韩仲元、李苞通阁道题名》同在一面崖壁上，虽镌于不同时期，但作为摩崖却合为一体。《金石萃编》称『高五尺九寸，广五尺六寸』即指此摩崖。清同治十年(1871)，罗秀书在石门北口外崖边发现原刻李苞碑后，证明晏袤此《释文》有误断，如将晋武帝『泰始六年』(270)，判断为魏明帝太和六年(232)，把晋碑判断为魏刻。

宗伯韩　仲元李孝章碑　□□伯韩仲元　以泰□六年五

月十日造此石　景元四年　十二月十日蕩

□(寇)将军浮□　□□李苞□□　□□□□□□□　木工二千人始

通此阁道　□(潘)宗伯　韩仲元李孝章

字　宗伯韩　仲元记造桥阁　十九字绍熙甲

寅始见于石门　之南崖其泰字　下一字不显止　有六年以下字

至此字下三字　又不能识微有　偏旁汉魏两晋　以泰纪年者凡

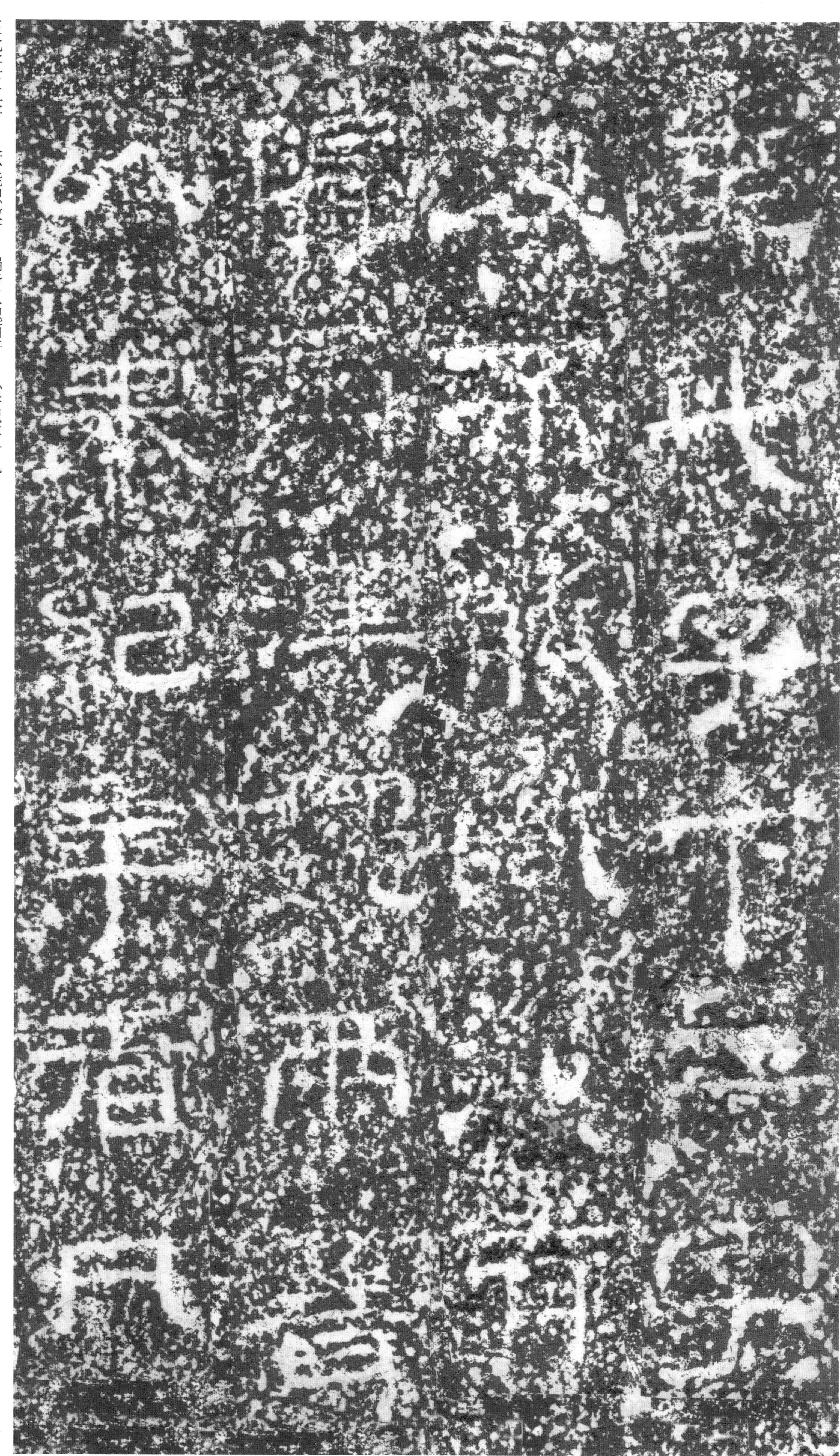

七惟魏明帝有　泰和六年晋武　帝有泰康十年　余皆一二年或

四三年则知此　为泰和六年明　矣是岁蜀建兴　十年先是泰和

四年魏司马懿　伐蜀五年蜀诸　葛亮围祁山魏　诏司马懿拒之

秋七月亮复军　明年亮休士作　木牛流马故魏　人得入褒谷治

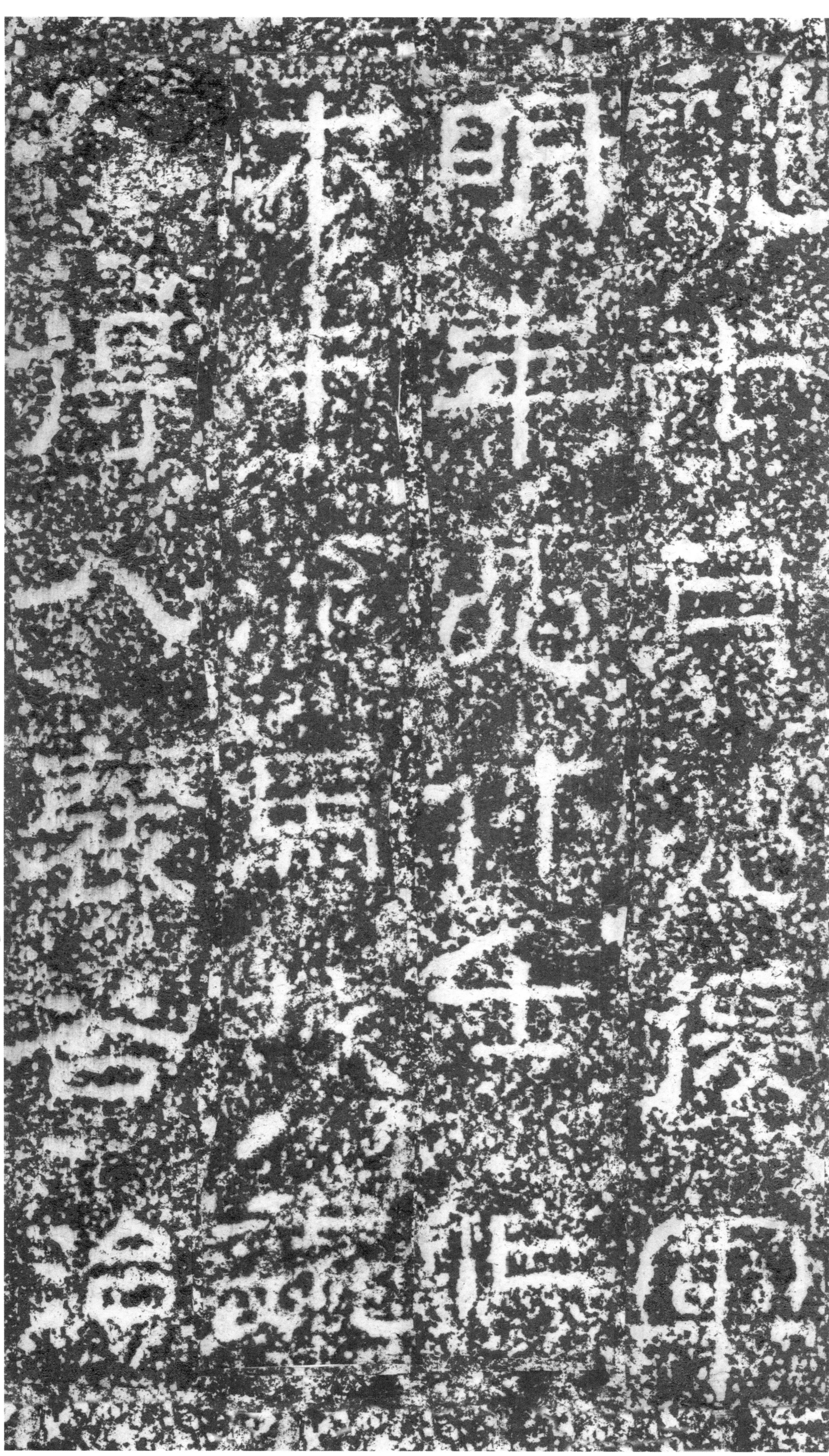

年至此凡三十　有三年则此二　号皆魏之纪年　无疑其书荡寇

将军云者蜀张　嶷亦有此将军　号魏荡寇将军　浮亭侯李苞字

孝章复通此阁　道于景元四年　即蜀炎兴元年　冬十一月魏钟

会邓艾率众伐　蜀至江油降马　邈至绵竹斩诸　葛瞻刘禅诣艾

降巴蜀皆平十　二月魏分益州　为梁州褒余(斜)阁　道于是乎通矣

庆元元年中秋　日南郑令临淄　晏袤书

南宋《晏袤释鄐君开通褒斜道》摩崖

汉中郡太守鄐君修桥阁碑一百五十有九字汉明帝永平六□刻于□□中其纪号先巳官□盆铭一绍□□□三月甲子南郑令晏袤□□褒谷获此刻于石门□南□□□□□□□癸丑夏秋积雨苔藓剥落至始□画始见字法奇劲古意有余与□(光)武□(中)元二年蜀郡太守何君阁道碑体势相若建武永平去西汉未远□（故）画简古□(严)正□(观)之使人起敬不暇昔高皇□(帝)兴王汉中出散入秦道由子午□(途)路□□(难)自秦取蜀石牛道开通石门史虽不书灵帝建宁五年衡官掾□□□太守李翕鄐阁碑云嘉念高帝之开石门□(元)功不朽则石门虽基于秦□(而)开于高帝明矣至威帝建和二年汉中太守王□(升)镌碑石门中纪永平四年□(司)隶校□(尉)杨君孟文以诏书凿通石门则又从而□(广)之通道几五十年至安帝永初元年□(西)□(夷)□(虐)残□(桥)梁□(断)□(绝)复循子午凡十五年至顺帝延光四年诏益州刺史罢子午道复通褒斜则此路自秦汉以来通塞屡矣今碑刻于永平六年□(载)汉中郡以诏书受广□(汉)蜀郡巴郡徒二千六□(百)□(九)十人开通褒斜道太守钜□(鹿)□(鄐)□(君)部掾治级□王弘□(史)荀茂张宇韩岑弟典□(功)□(作)太守丞广汉杨显始作桥□(格)□(六)百廿三大桥五为道二百五十八里九年□(四)□(月)成就刻石纪工器钱粟之□(数)□(于)□(崖)□(壁)中去石门不百步惜乎崖倾碑断字□(有)□(亡)阙今所凿栈道石窍具存□(乃)□(知)□(杨)孟文治石门□(于)□(四)□(年)辛酉岁鄐君杨君治阁道于六年癸亥岁而王升建和二年□(纪)石门□(之)□(功)此桥格事今乃一千一百三十三年之后物之显晦□(盖)□(有)□(定)□(数)□(君)□(杨)□(君)为民兴此□(阁)□(道)三年而后成曾不讳劳而史逸其名□(非)苔□(藓)封护□(至)今必为□(风)□(雨)所剥□(此)□(名)亦摩(磨)灭矣敬书碑阴俾来者有以取信□夏四月旬有六日临□(淄)晏袤书』

晏袤以上《释文》有失误之处，如称『鄐君修桥阁碑……汉明帝永平六年刻于褒谷中』。鄐君修桥阁是永平六年动工，九年完工，开工之时是不会刻石留念的。又称『鄐君、杨君（孟文）治阁道于六年癸亥岁』，鄐君与杨君非同时代的人，更不会同年治阁道，这在《石门颂》《鄐君开通褒斜道》中都有明确记载。

南宋《晏袤释鄐君开通褒斜道》摩崖

《晏袤释鄐君开通褒斜道》摩崖，南宋光宗（赵惇）绍熙五年（1194）刻，南郑县令临淄晏袤书，二十七行，每行二十八字左右，字径五至六厘米，隶书。

《鄐君开通褒斜道》摩崖，原刻于石门南半里许的崖间，以后被青苔、泥沙所封闭，千余年未显露，故宋代欧阳修、赵明诚、洪适的三种金石书籍，俱未得见其著录。至南宋光宗绍熙四年（1193）夏秋之际，为霖雨冲刷，字迹始显。当时南郑县令晏袤，即将发现这方汉代摩崖的经过情况，以及原刻文字的内容加以注释，另刻了这方摩崖于原刻之下，故称《鄐君碑释文》摩崖。刻石通高二百七十厘米，宽二百二十厘米，四周有凸出十厘米宽的边子，字的排列均匀而整齐，可惜石质酥劣，抗蚀力差，刻石至今，不足八百年，已大片剥落，残存的刻字有些已辨不清。此摩崖录文见于《金石萃编》和《褒谷古迹辑略》，但与原刻石校对，有些错缺字，如《金石萃编》将『王弘』的『弘』误作『宏』字，『就安稳』的『稳』字误作『隐』字，『此名亦摩灭矣』误作『此名随灭磨灭矣』。《褒谷古迹辑略》将『韩岑弟』的『弟』误作『等』，『建和二年』的『二』误作『五』，『通道几五十年』的『道』字缺漏。还有晏袤所录鄐君碑中，有关『开通』的『开』『褒斜道』的『道』字原刻至今犹存，录文却以□示缺，原刻□□杨显，晏袤录文与此无误，而在后面的题记中却加『广汉』二字，等等。

为便于校正，将晏袤释《鄐君开通褒斜道》原刻清代精拓照录于后：

『汉鄐君□褒斜阁道碑字□□令晏袤释永平六年汉中郡以诏书受广汉□(蜀)□(郡)□(巴)郡□二千六百九十□(人)太守钜鹿鄐君部掾治级王弘史荀茂□□韩岑弟典功作太守丞杨显□□用始作桥格六百二十三□为道□(二)百五里邮亭□置徒司空□□□□(官)寺并六十四所凡用功七十□(六)万六千八百余人瓦卅六万九千八百四用钱百四十九万九年四月□□益州东至京师去□安稳

郡以诏书　受广汉□(蜀)　□(郡)□(巴)郡□二千　六百九十□(人)

太守钜鹿鄐 君部掾治级王 弘史荀茂□□ 韩岑弟典功作

太守丞　杨显□□用　始作桥格六百二十　三□□(为)道□(二)百五

里邮亭□置徒司空　□□□□(官)寺并六十四所　凡用功七十□(六)万六千八百　余人瓦卅六万九千八

百四用钱百四十九万　九年四月□□益州　东至京师去□安稳

剥落至始□　画始见字法　奇劲古意有　余与□(光)武□(中)

元二年蜀郡太　守何君阁道　碑体势相若　建武永平去

西汉未远□(故)　画简古□(严)正　□(观)之使人起　敬不暇昔高

皇□(帝)兴王汉　中出散入秦　道由子午□(途)　路□□(难)自秦取

官掾□□　太守李翕郙阁　碑云嘉念高帝　之开石门□(元)

功不朽则石　门虽基于秦　□(而)开于高帝明　矣至威帝建

和二年汉中　太守王□(升)镌　碑石门中纪　永平四年□(司)

道几五十年　至安帝永初　元年□(西)□(夷)□(虐)　残□(桥)梁□(断)□(绝)

复循子午凡　十五年至顺　帝延光四年　诏益州刺史

罢子午道复　通褒斜则此　路自秦汉以　来通塞屡矣

今碑刻于永平六年□(载)汉中郡以诏书受广□(汉)蜀郡

巴郡徒二千　六□(百)□(九)十人　开通褒斜道　太守钜□(鹿)□(鄐)□(君)

部掾治级□ 王弘□(史)荀茂 张宇韩岑弟 典□(功)□(作)太守

丞广汉杨显　始作桥□(格)□(六)　百廿三大桥　五为道二百

五十八里九　年□(四)□(月)成就　刻石纪工器　钱粟之□(数)□(于)

□(崖)□(壁)中去石　门不百步惜　乎崖倾碑断　字□(有)□(亡)阙今所

凿栈道石窍　具存□(乃)□(知)□(杨)　孟文治石门　□(于)□(四)□(年)辛酉

岁鄐君杨君　治阁道于六　年癸亥岁而　王升建和二

年□(纪)石门□(之)　□(功)此桥格事　今乃一千一　百三十三年

之后物之显　晦□(盖)□(有)□(定)□(数)　□(君)□(杨)□(君)为民　兴此□(阁)□(道)

三年而后成　曾不讳劳而　史逸其名□(非)　苔□(薛)封护□(至)

今必为□(风)□(雨)所　剥□(此)□(名)亦摩(磨)　灭矣敬书碑　阴俾来者有

以取信□夏　四月旬有六　日临□(淄)晏衮　书

南宋《山河堰落成记》摩崖

南宋《山河堰落成记》摩崖

《山河堰落成记》摩崖，南宋光宗（赵惇）绍熙五年（1194）刻于石门南数十步褒河西侧的山崖间，通高二百二十六厘米，上沿宽五百一十厘米，下沿宽五百零六厘米，四周有鼓出的边子，宽十五厘米，字径二十厘米，隶书十六行，每行六至九字，崖面两端内收，中部外鼓，随山势而略成曲形，雕凿精细，字迹清晰，更以其材巨形丰为整个摩崖之冠。此摩崖原无题，因其文字记述绍熙年间修堰之事，又镌于山河堰落成之时，故称《山河堰落成记》，虽未注明书者，但晏袤是南郑县令，又是修堰主持人之一，且善文工书，与《晏袤释鄐君开通褒斜道》和《晏袤释潘宗伯、韩仲元、李苞通阁道》笔意相似，故为晏袤手笔。此摩崖共一百三十五字，照录于后：

『□□五年，山河堰落成，郡太守章森、常平使者范中艺、戎帅王宗廉，以二月丙辰徕劳工徒。堰别为六，凡九百三十五丈，酾渠四百一十丈，木以工计，七十二万四千九百有奇，工以人计，一十五万九千八百有奇。先是四年夏，大水，六堰尽决。秋，使者被旨兼守事，会凡役，慨念民输当四倍于每岁之常，乃官出钱万缗，为民助。查沆、贾嗣祖、晏袤、张柄实董其事。』

此摩崖前『绍熙』二字，原本不缺，清嘉庆年间，有一姓廖的石匠取石时不慎伤此二字，县主闻知盛怒，几将该工匠毙于杖下，然已无可补救，后遂缺此二字。数十年后，罗秀书于同治十二年（1873），访此摩崖，追忆故旧，乃为之记。

记载这次修堰经过并为之颂功的，除《山河堰落成记》摩崖之外，另有一通《宋山河堰赋》石碑，嵌于褒谷口河东店山河庙内的墙壁中（今河东店小学内），也是绍熙五年（1194）镌刻的。其文曰：『山河堰盖汉相国赞侯、懿侯之所肇创……自汉迄今，民赖其赐。』《山河堰落成记》中，所称『六堰』，即自上游往下，每隔一定距离增筑一堰，除首堰之外，又有二堰、三堰，直至六堰。六堰中二堰为官堰，即由官方集资兴建、维修、管理，建筑规模较大，工程较坚固。三堰、四堰，皆系民营，每年春修秋废，规模效益都差。第一堰在鸡头关下，当时的拦河大坝，即为一九四〇年修建褒惠渠的水坝所在地，坝北四十米处的褒水东岸俗称婆婆坑的崖壁间，有宋代《杨绛山河堰记略》摩崖，通高一百厘米，宽约一百五十厘米，其内容记载宋乾道年间修堰之事。其中有『自北而西者注于褒城之野，行于东南者悉归南郑之区』。如今东渠已为褒惠渠取代，西渠湮没无存。

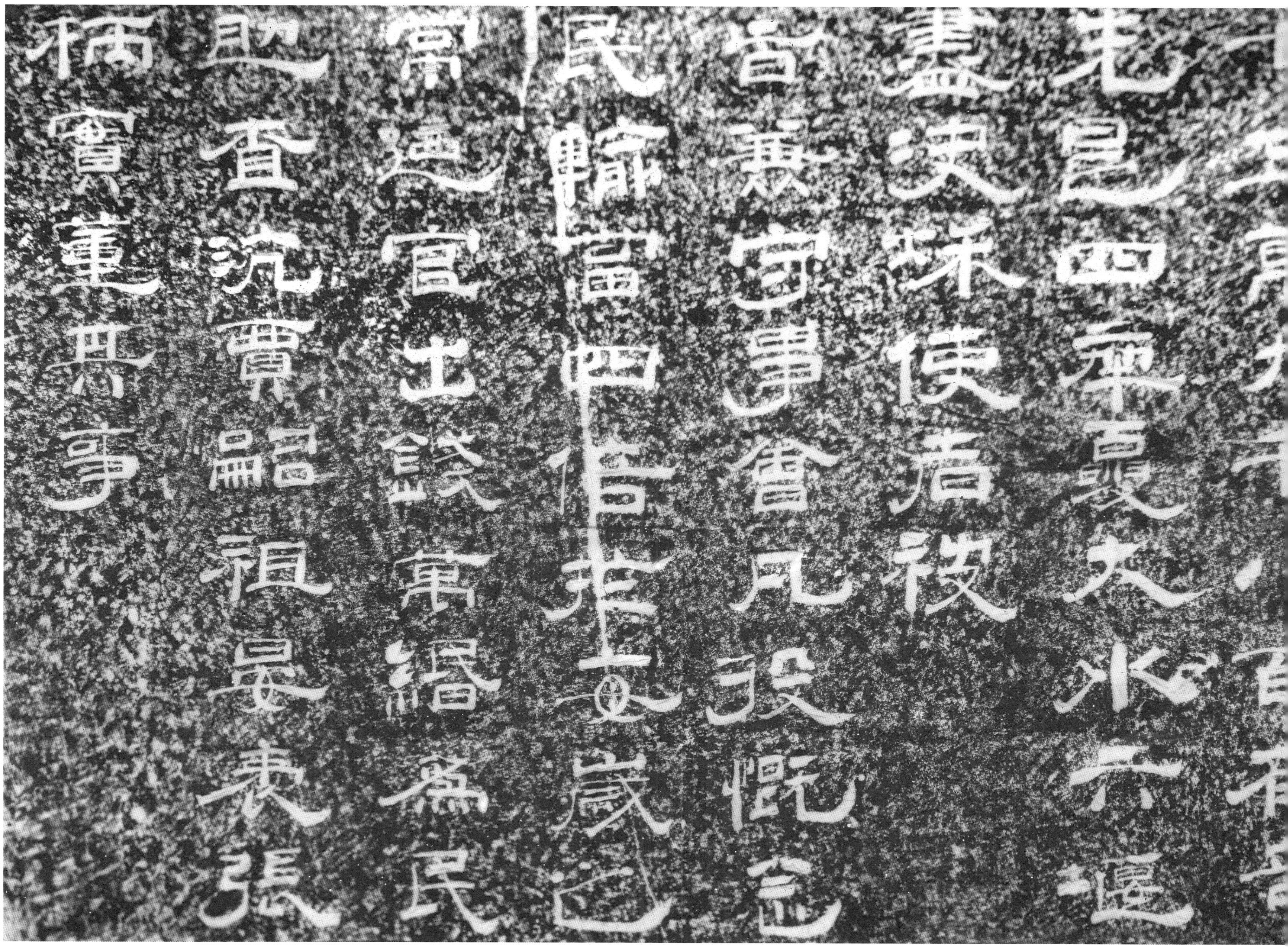

先是四年夏大水亦堰
盡決壞使者役
吾兼守事會凡役慨念
民輸當四倍老壹歲已
常繇官出錢萬緡爲民
助查沆賈紹祖晏袁張
柄實董其事

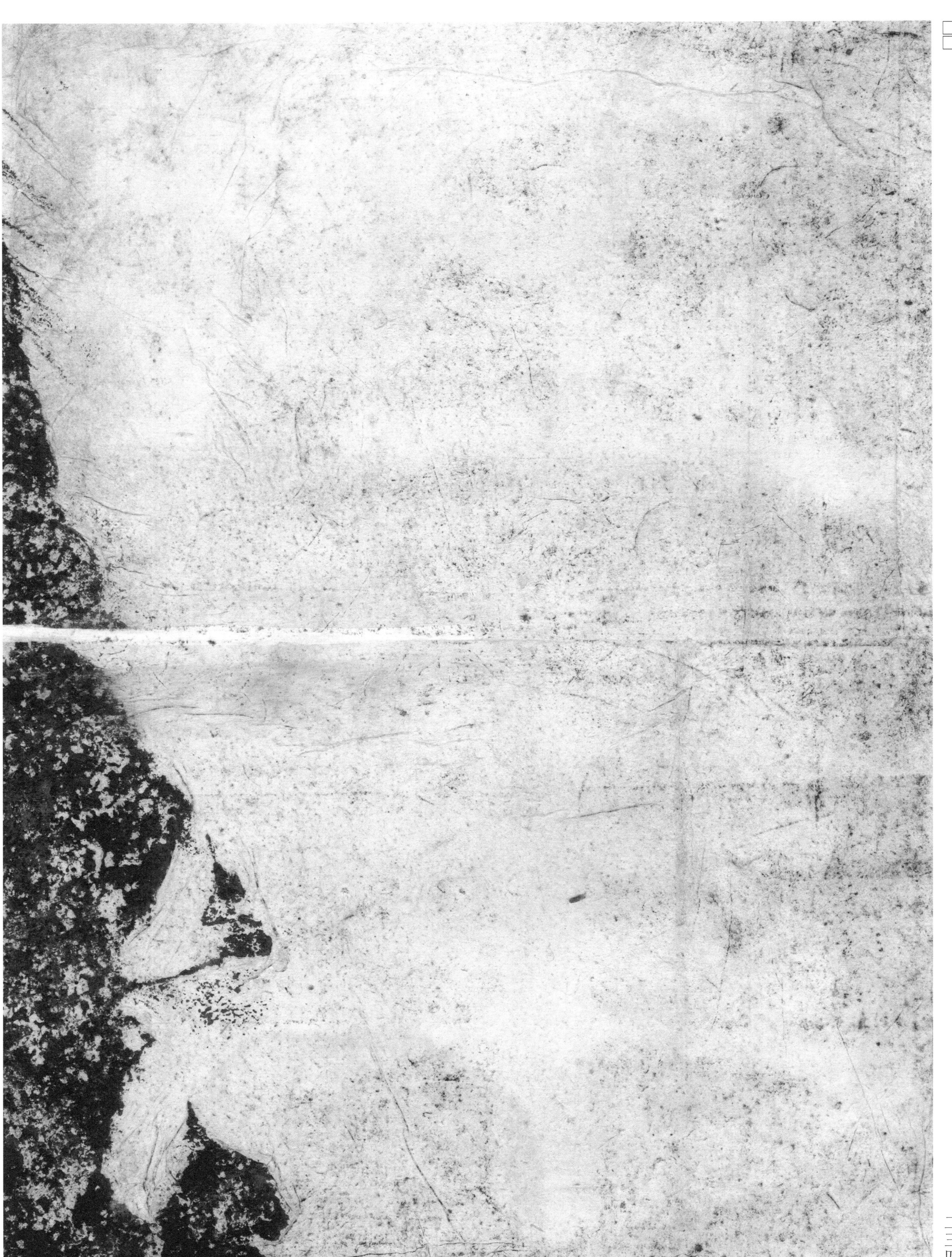

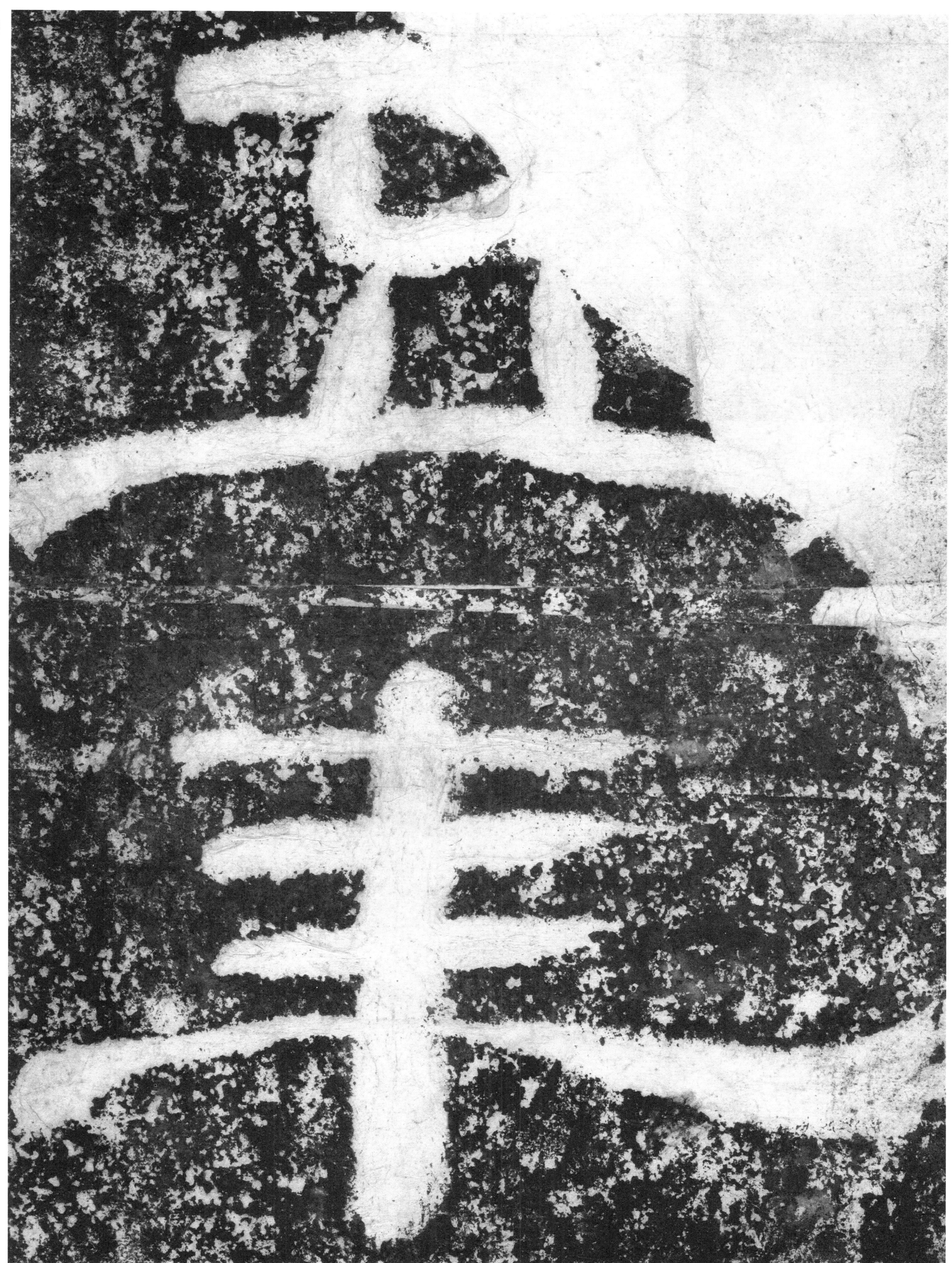

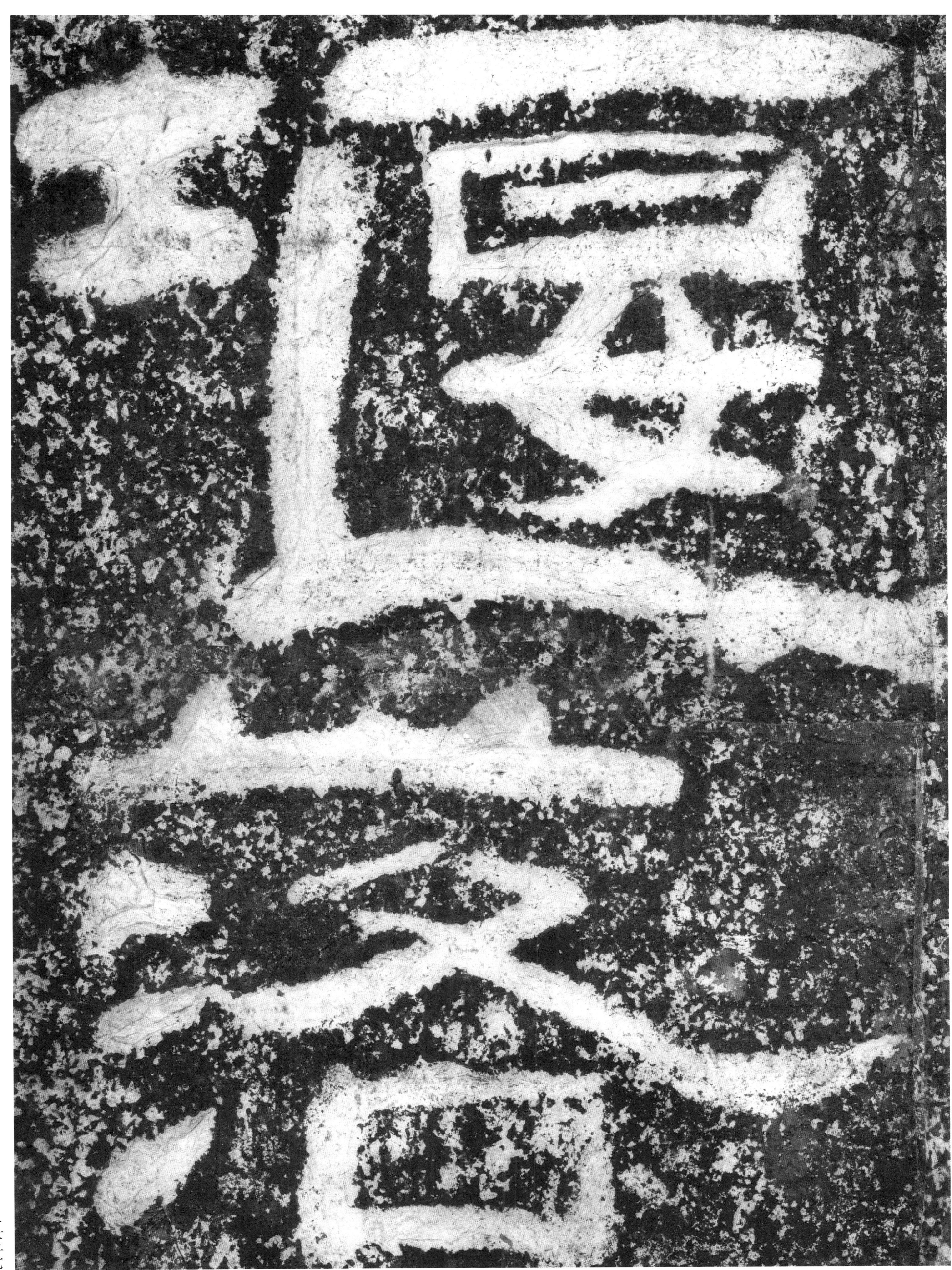

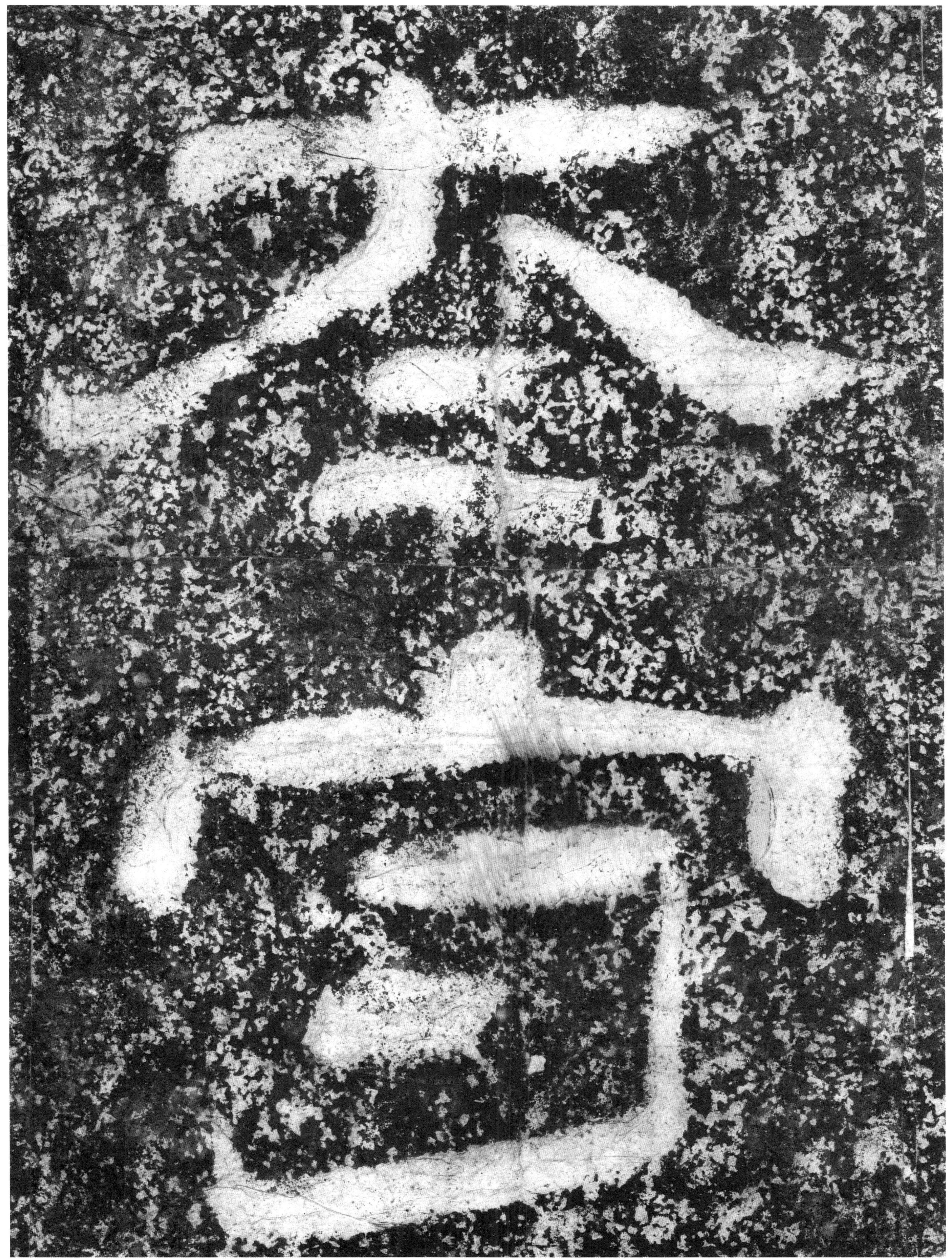

宗

廉

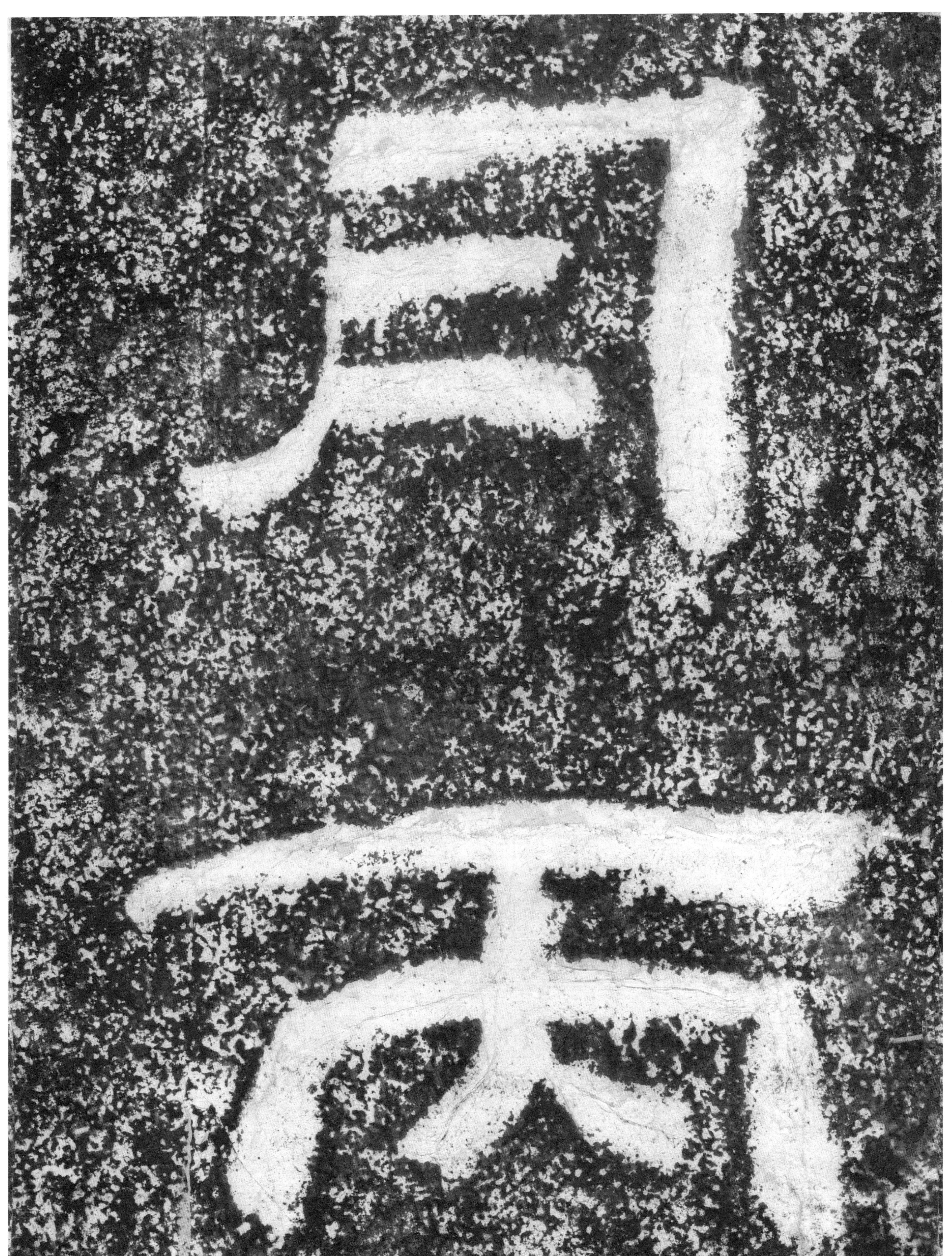

月丙

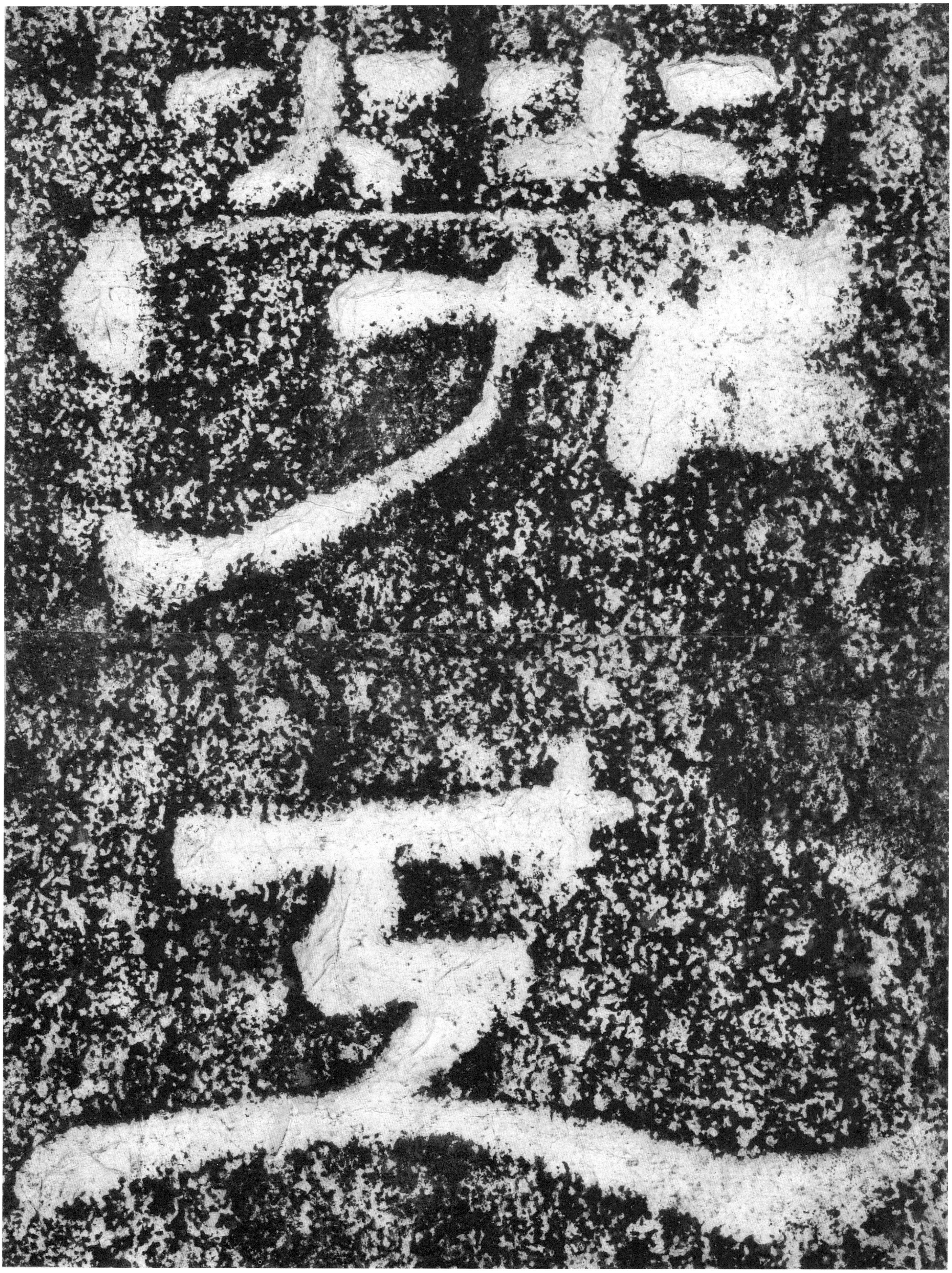

别为

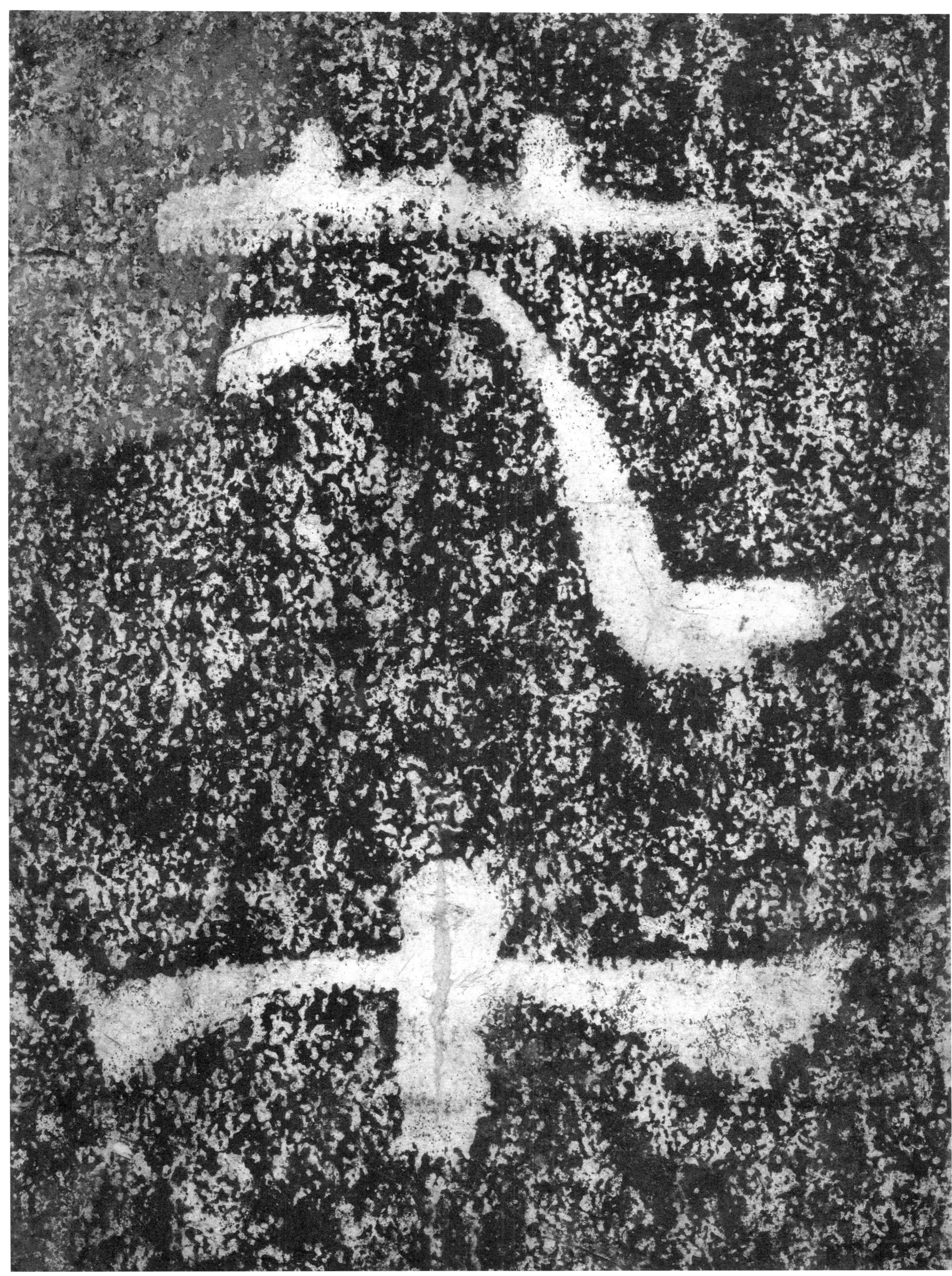

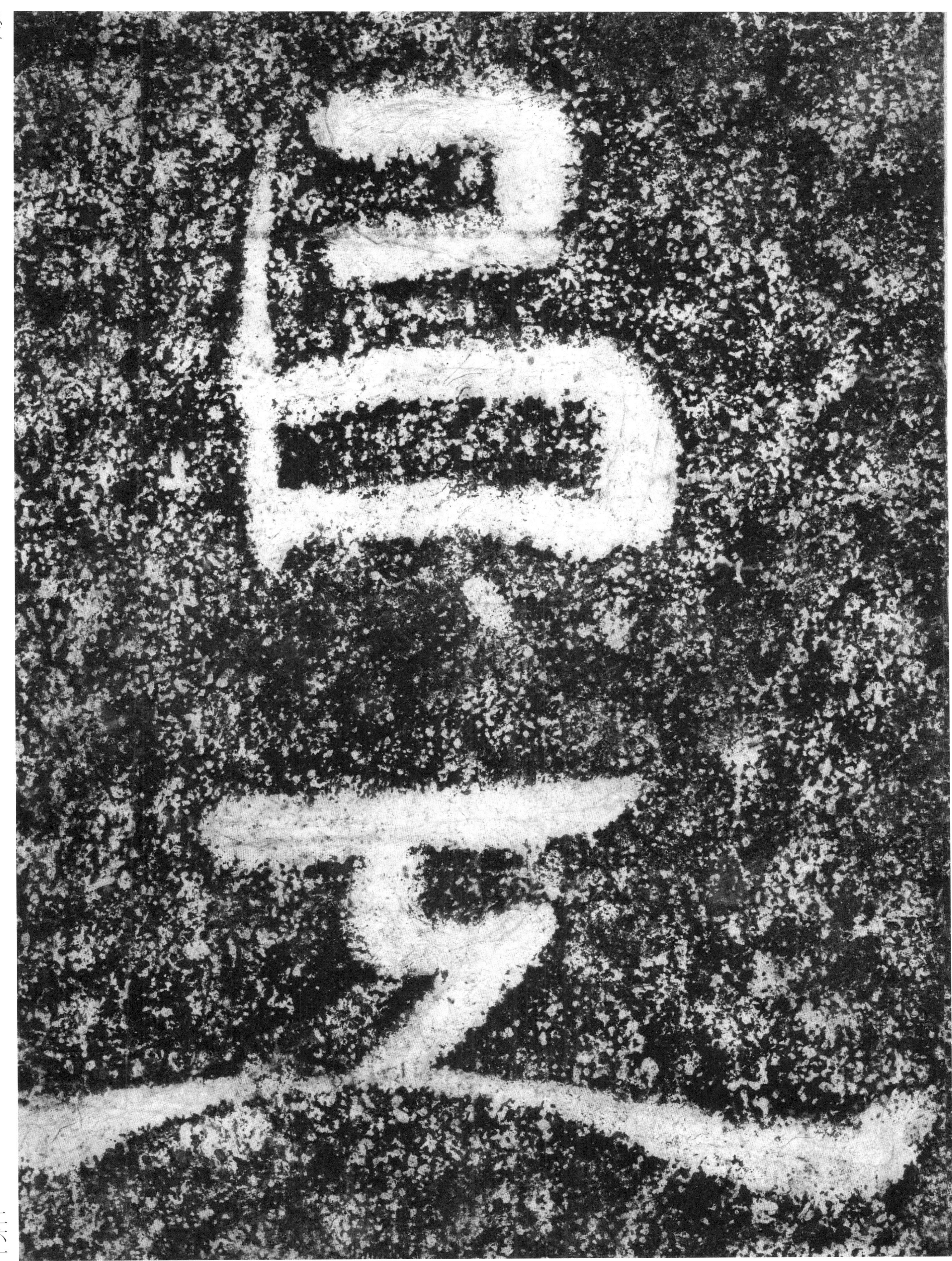

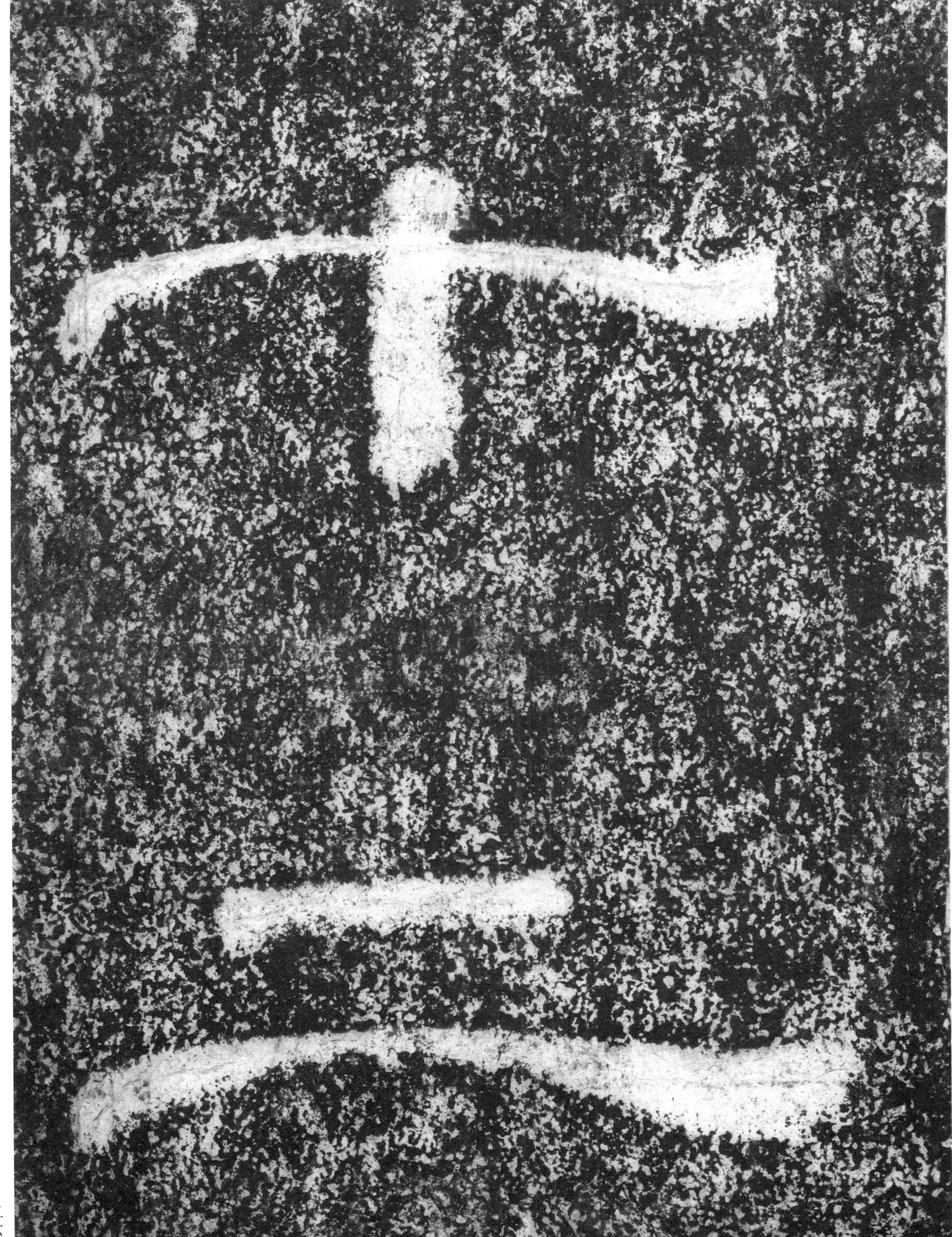

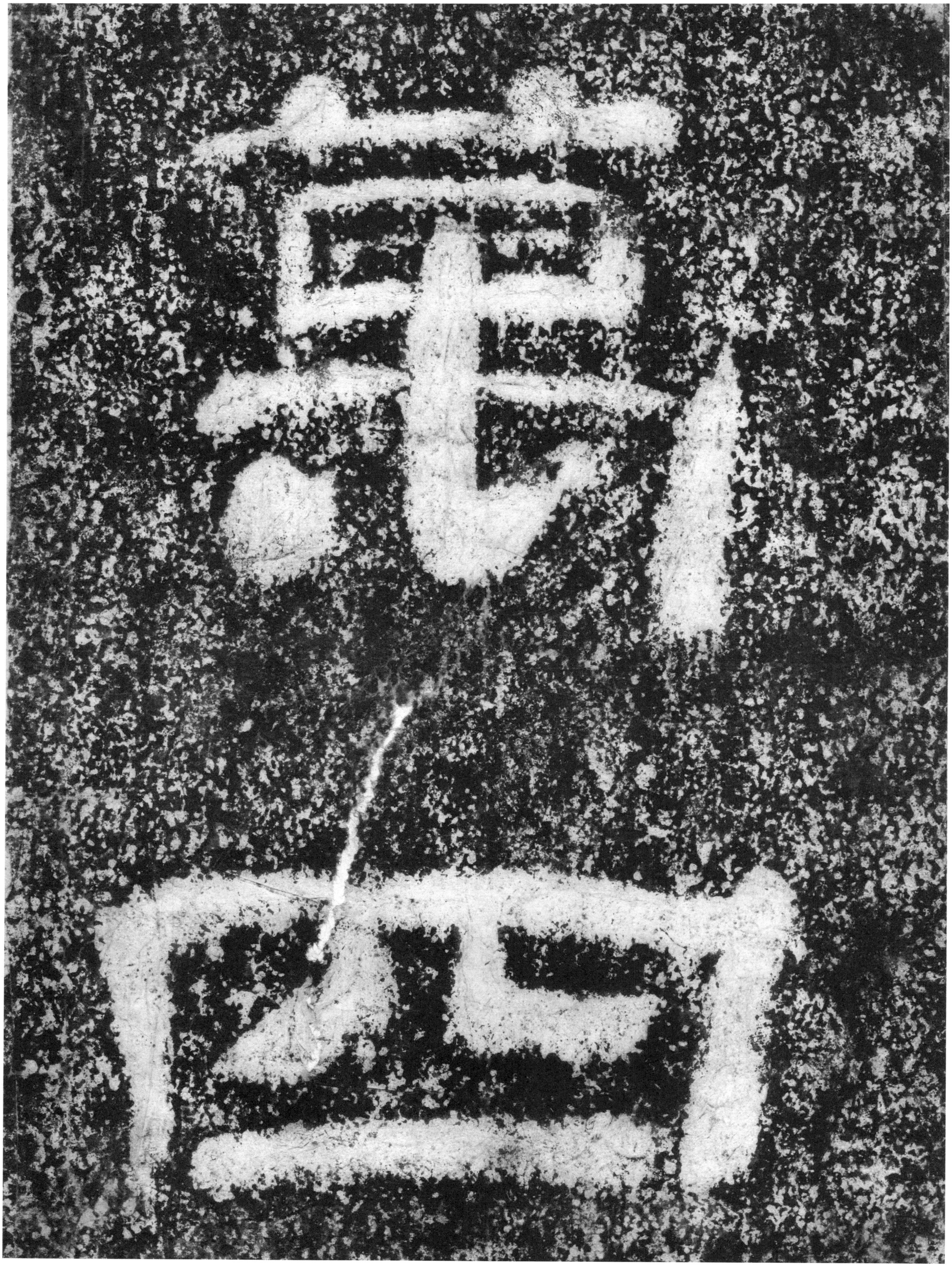

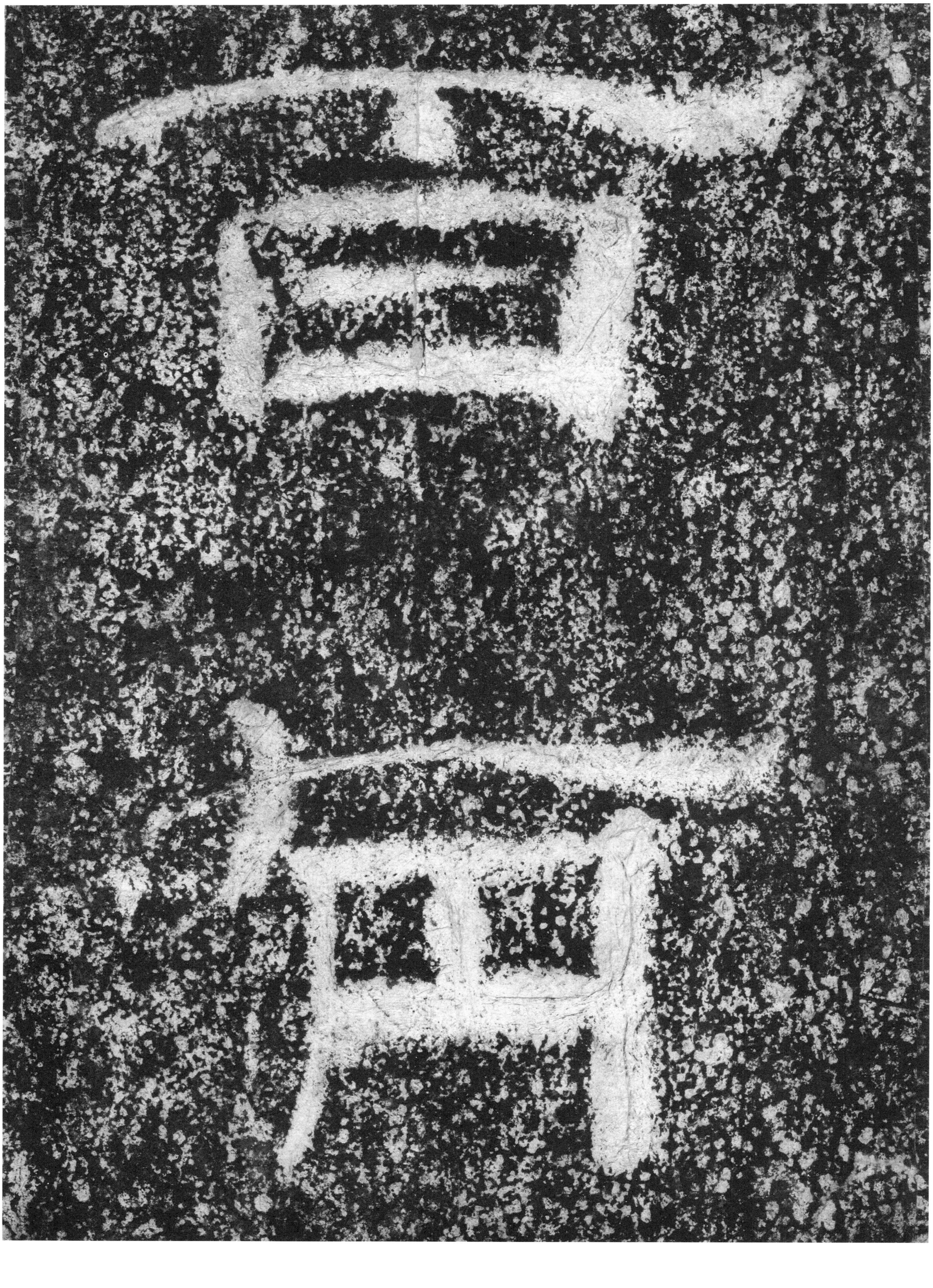

百有

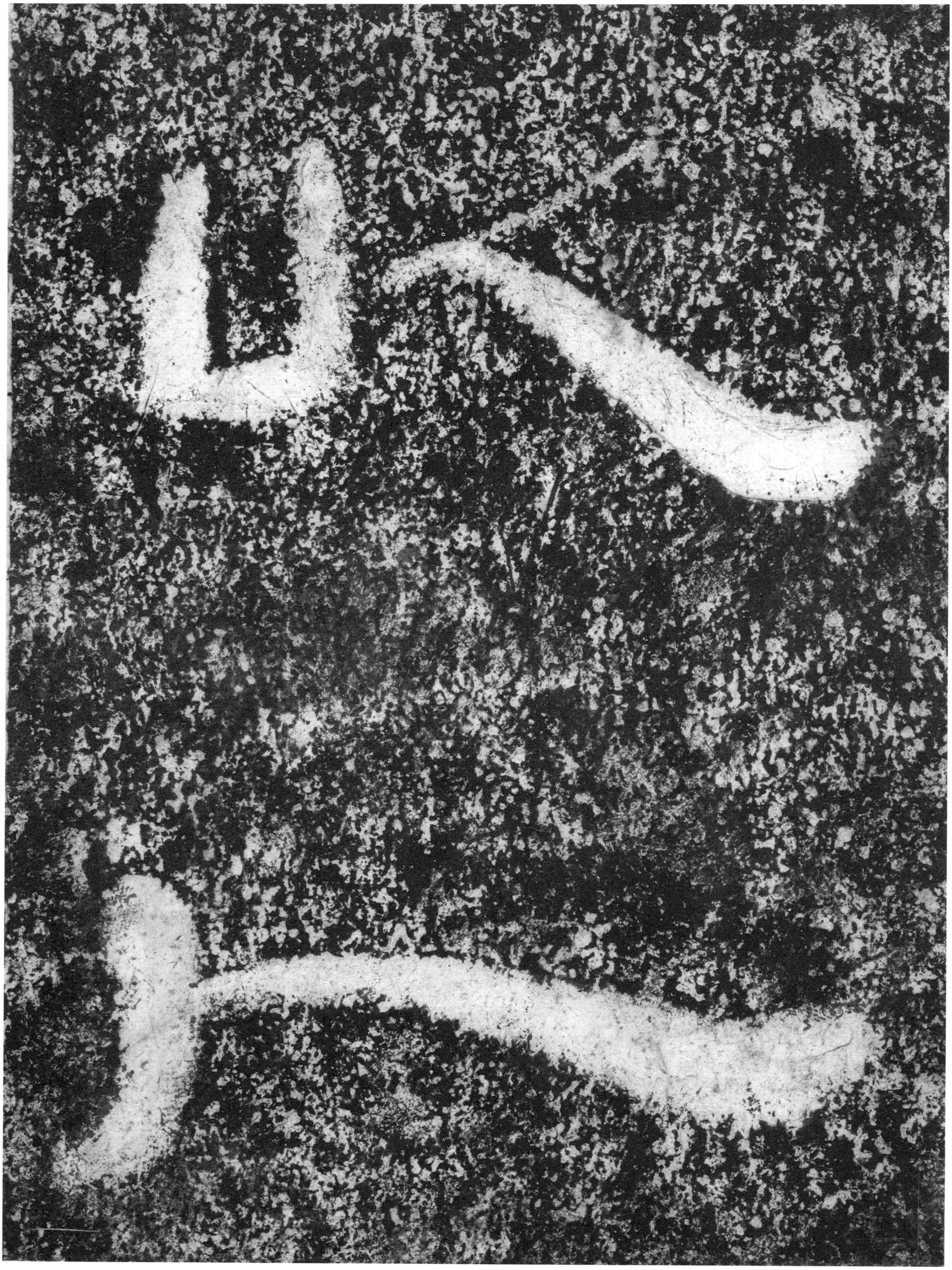

以人

十五

年夏

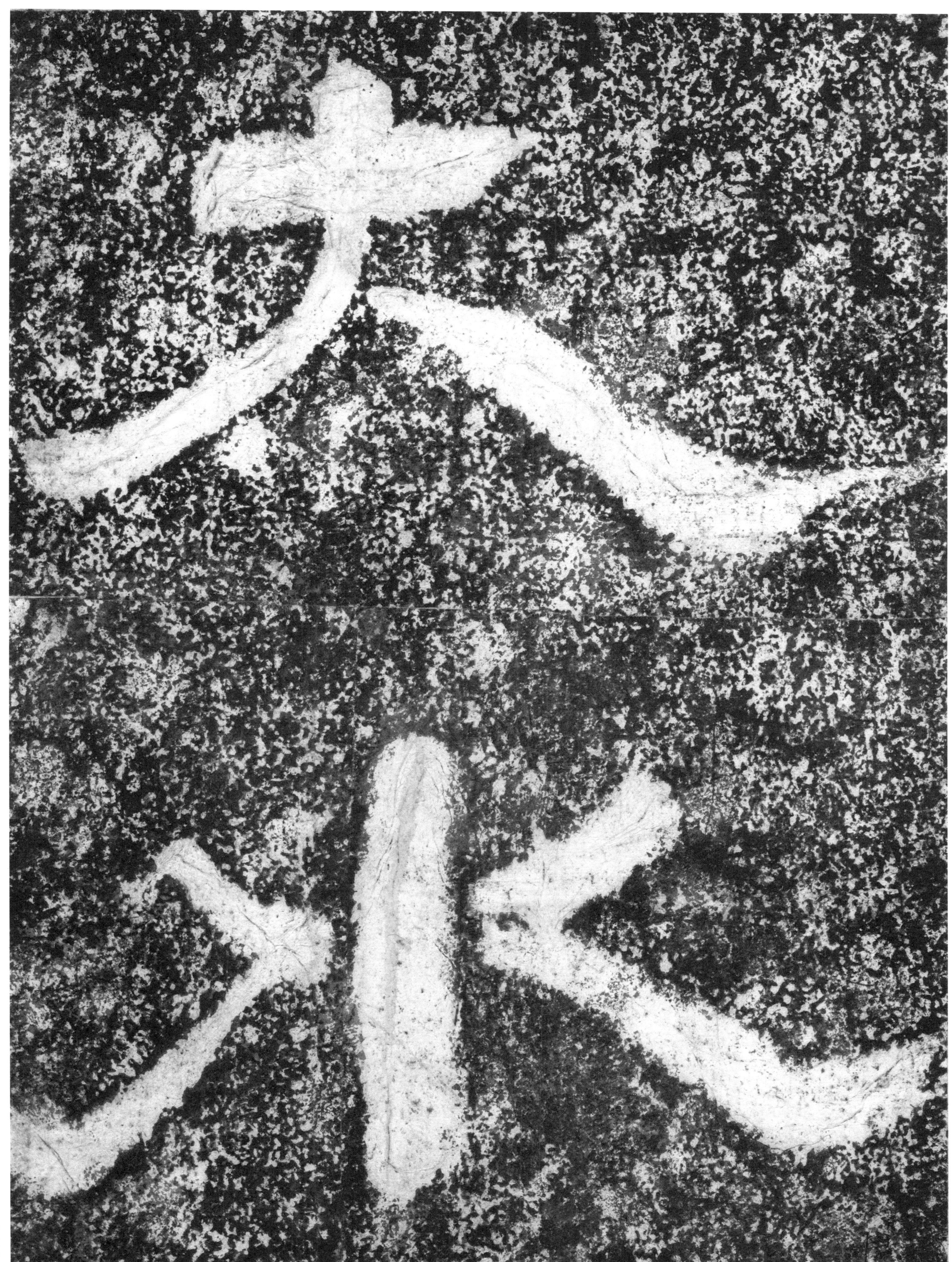

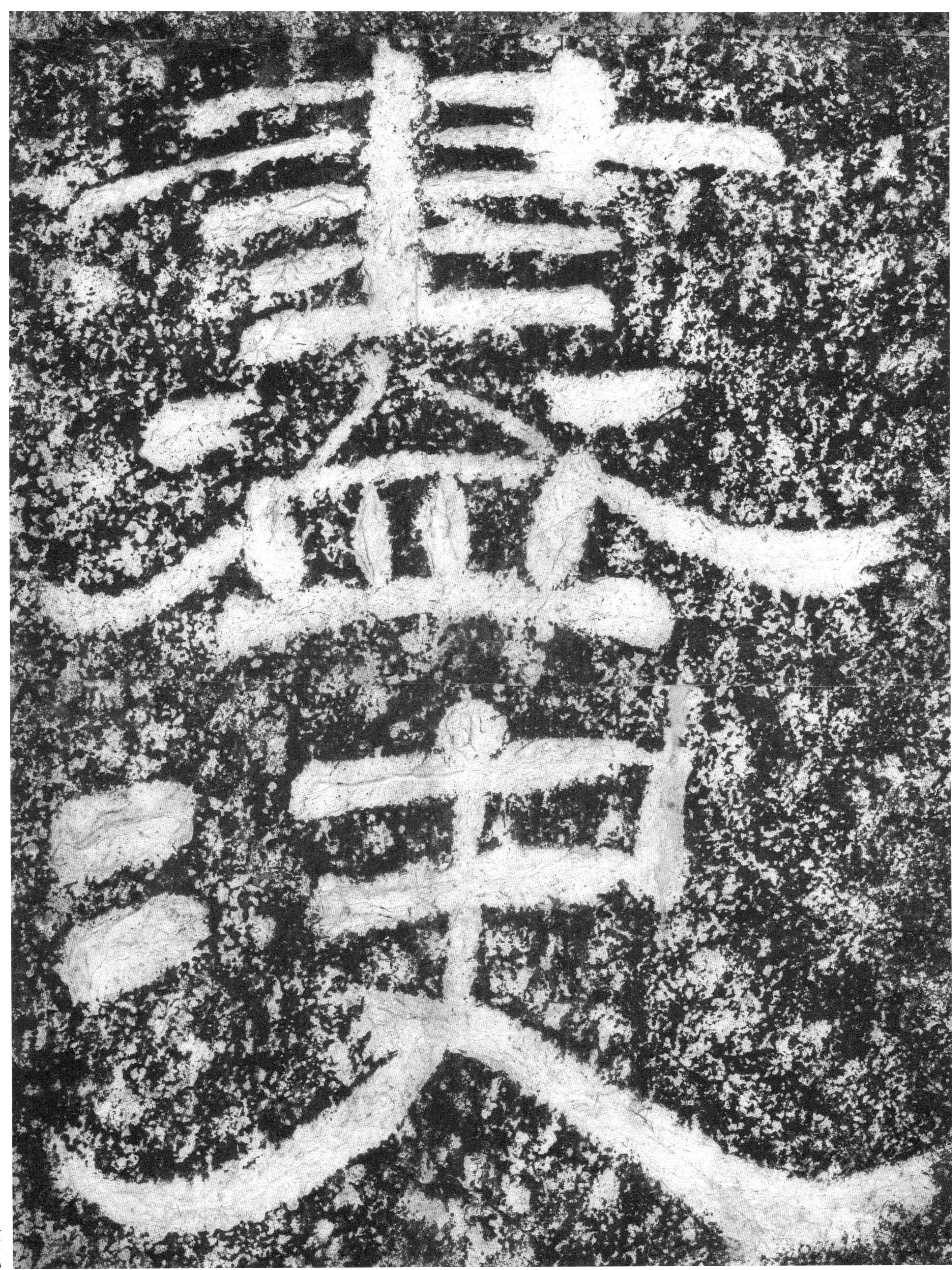

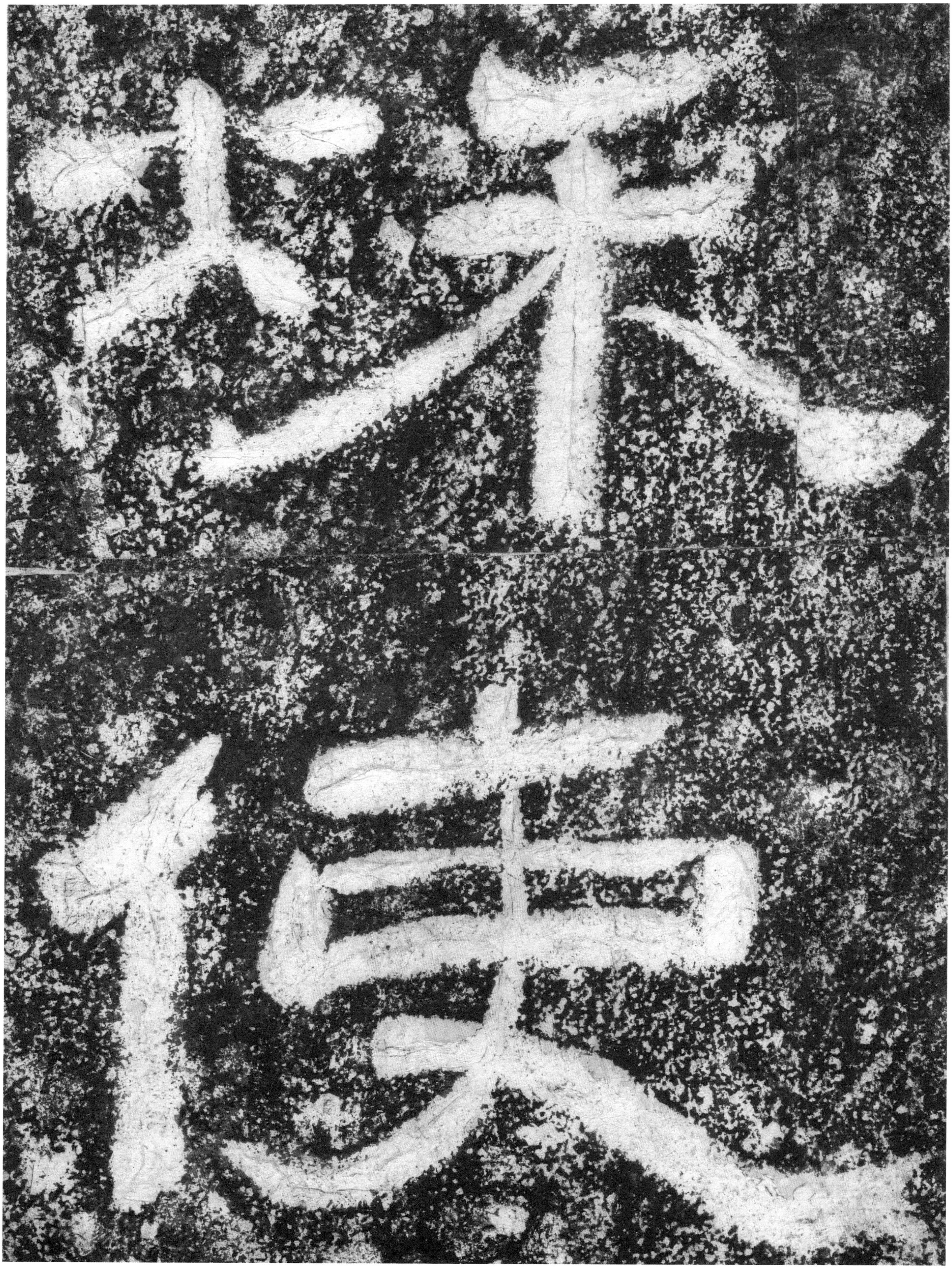

旨兼

会凡

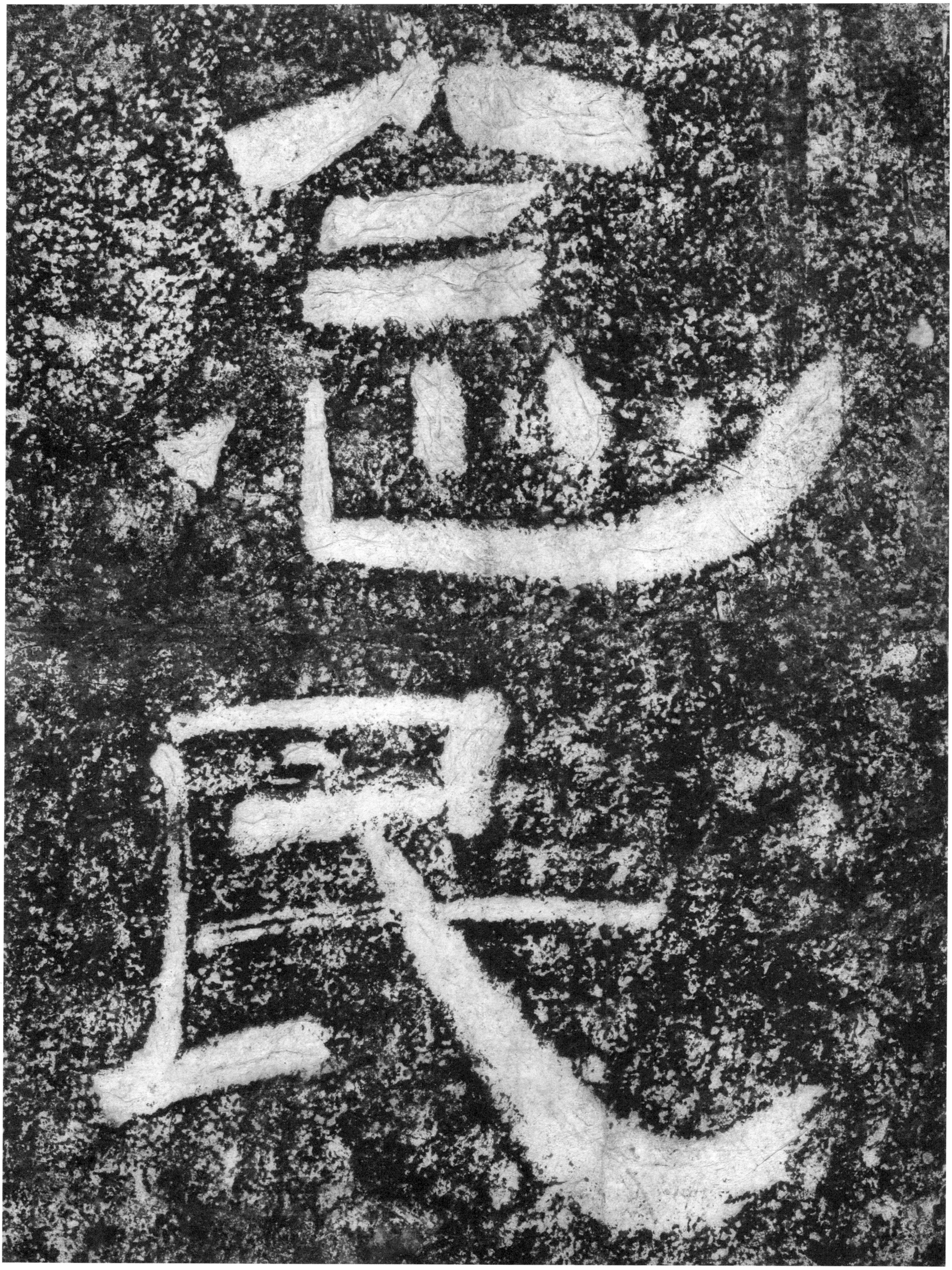

輸
當

四倍

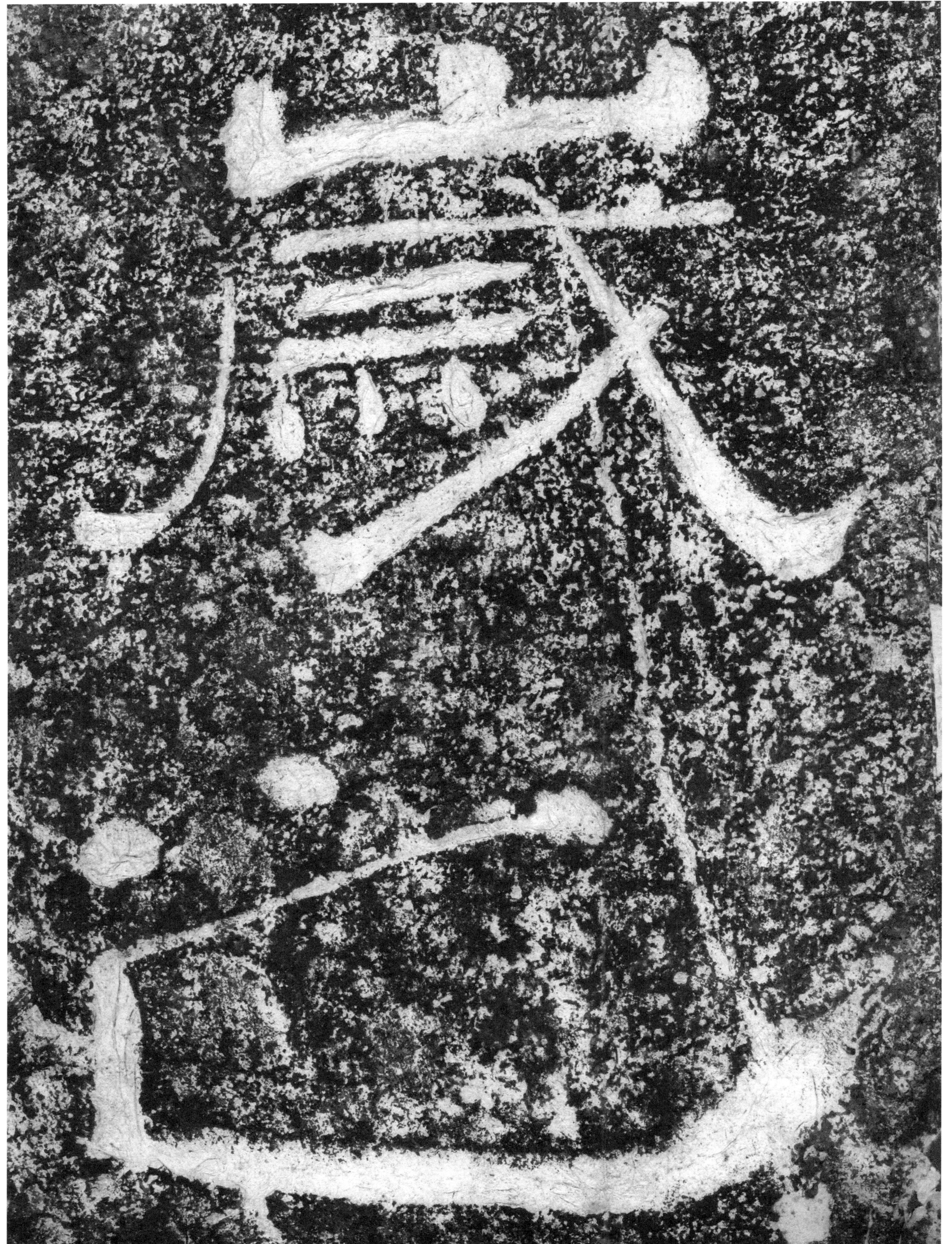

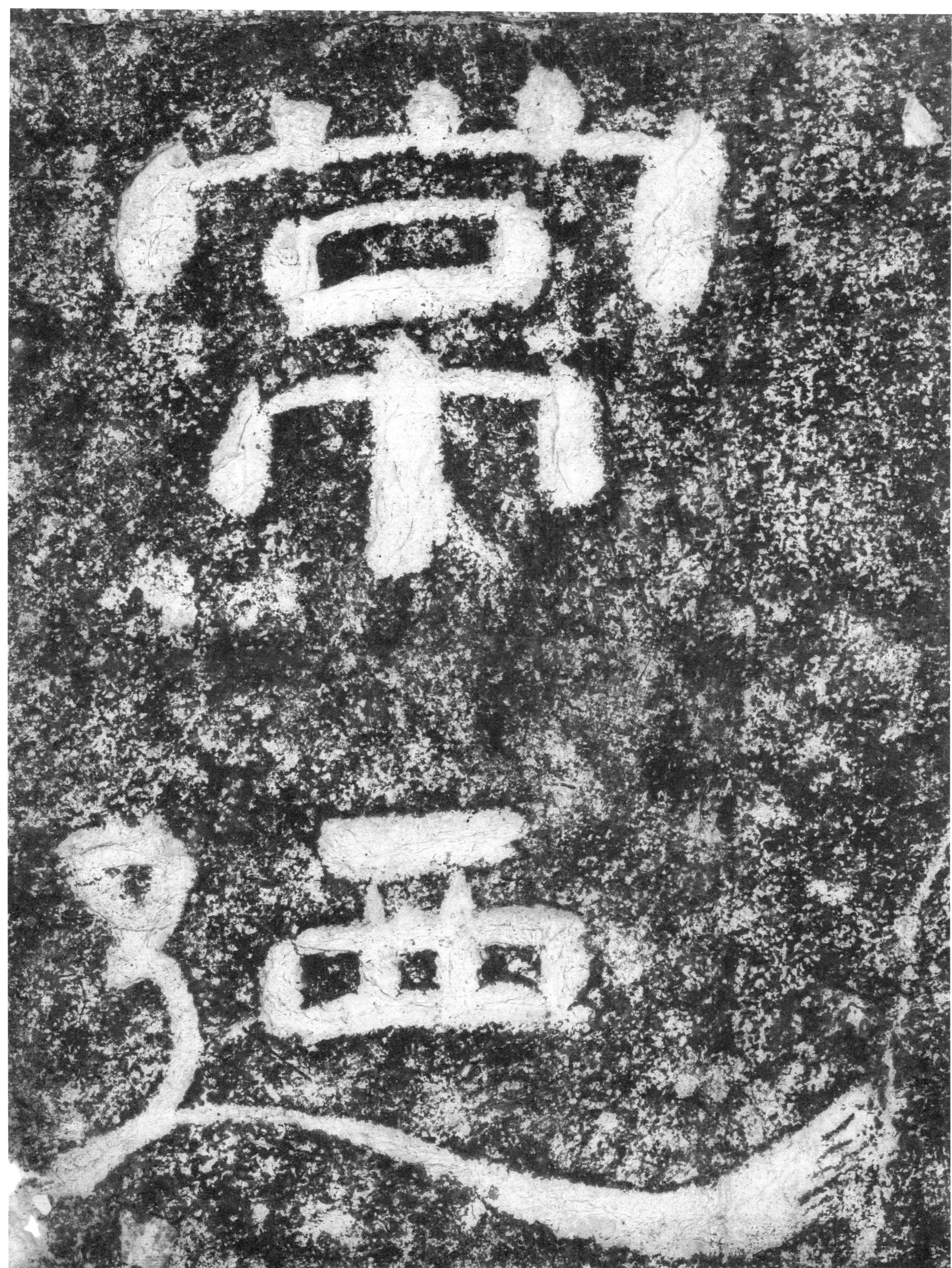

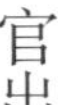

官

出

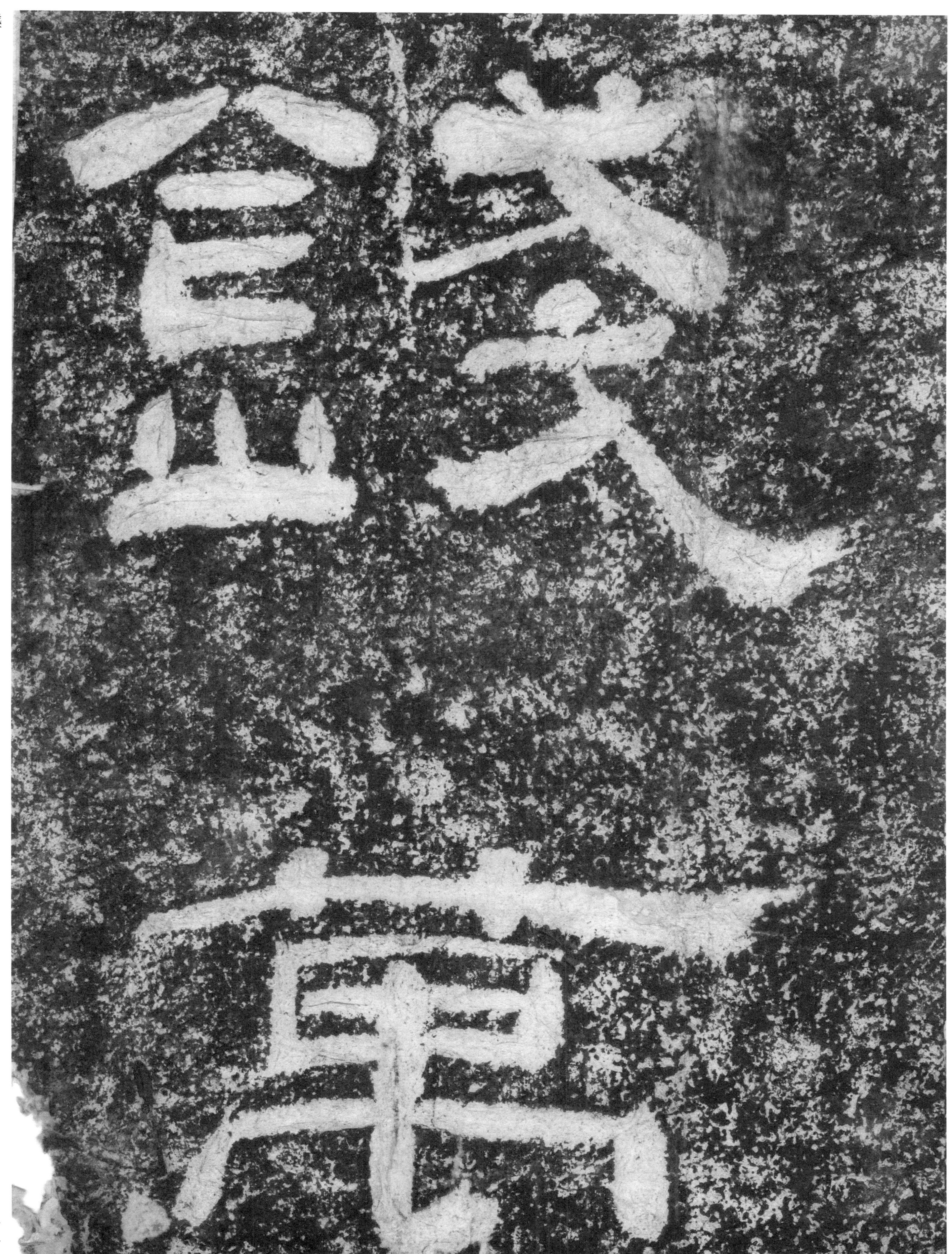

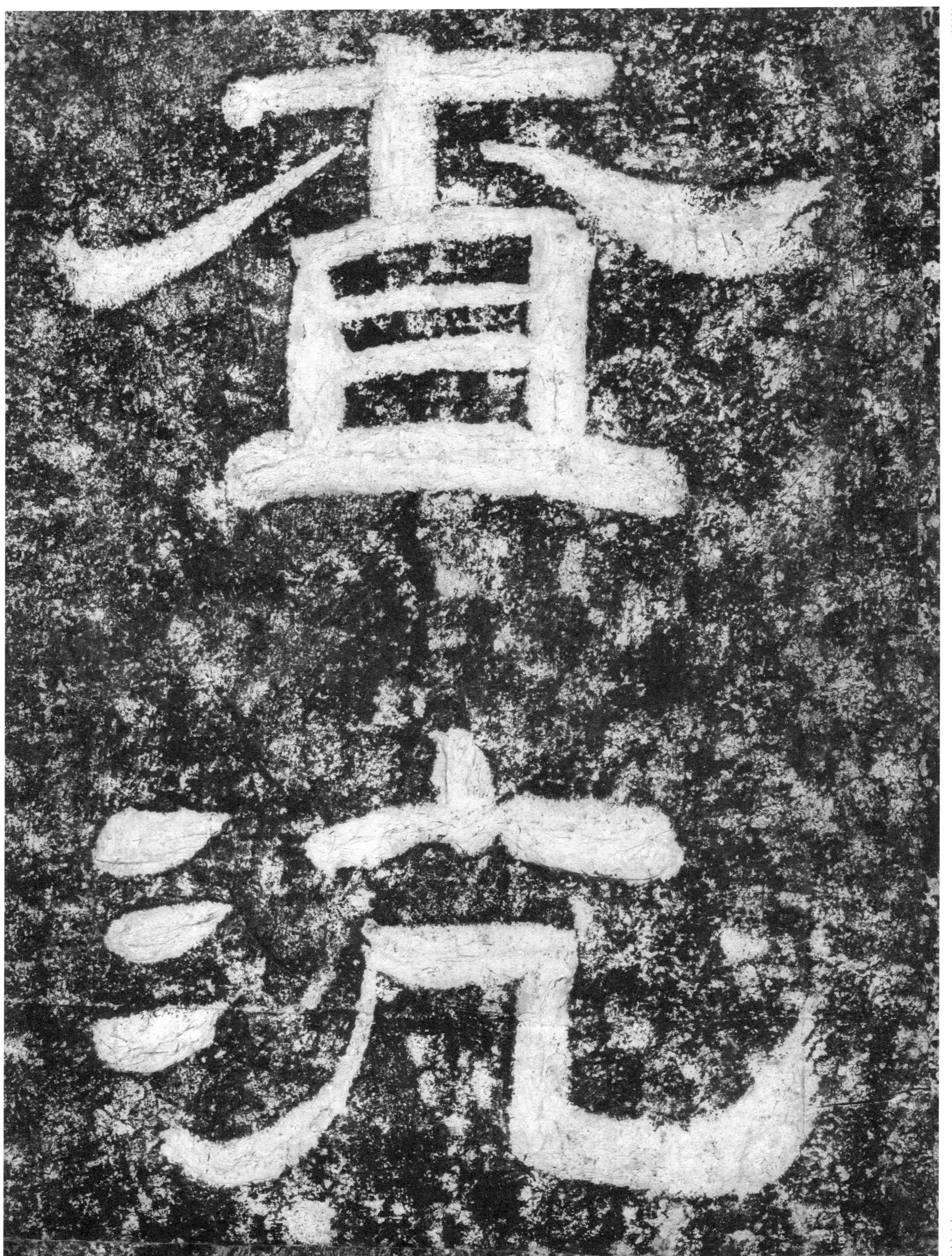

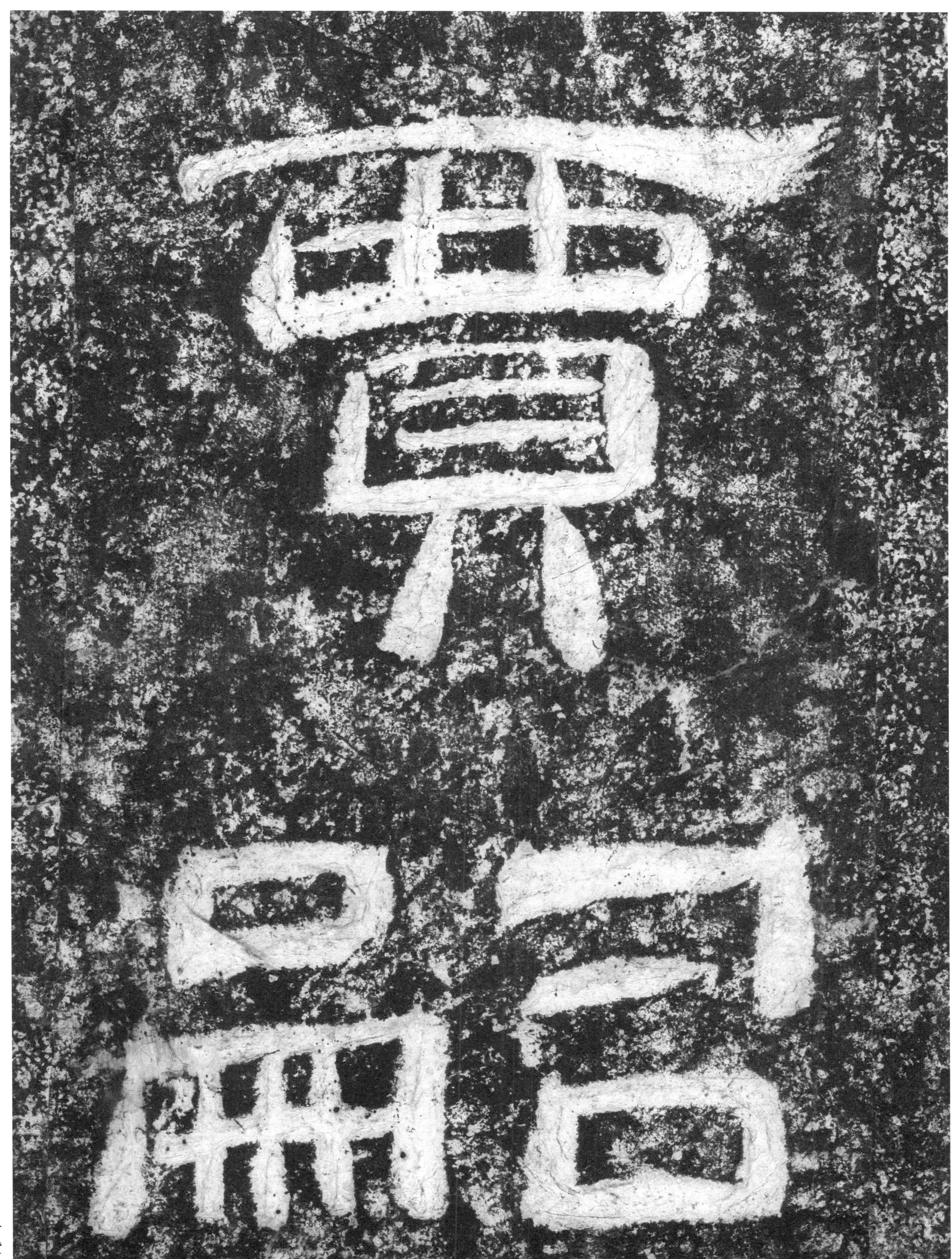

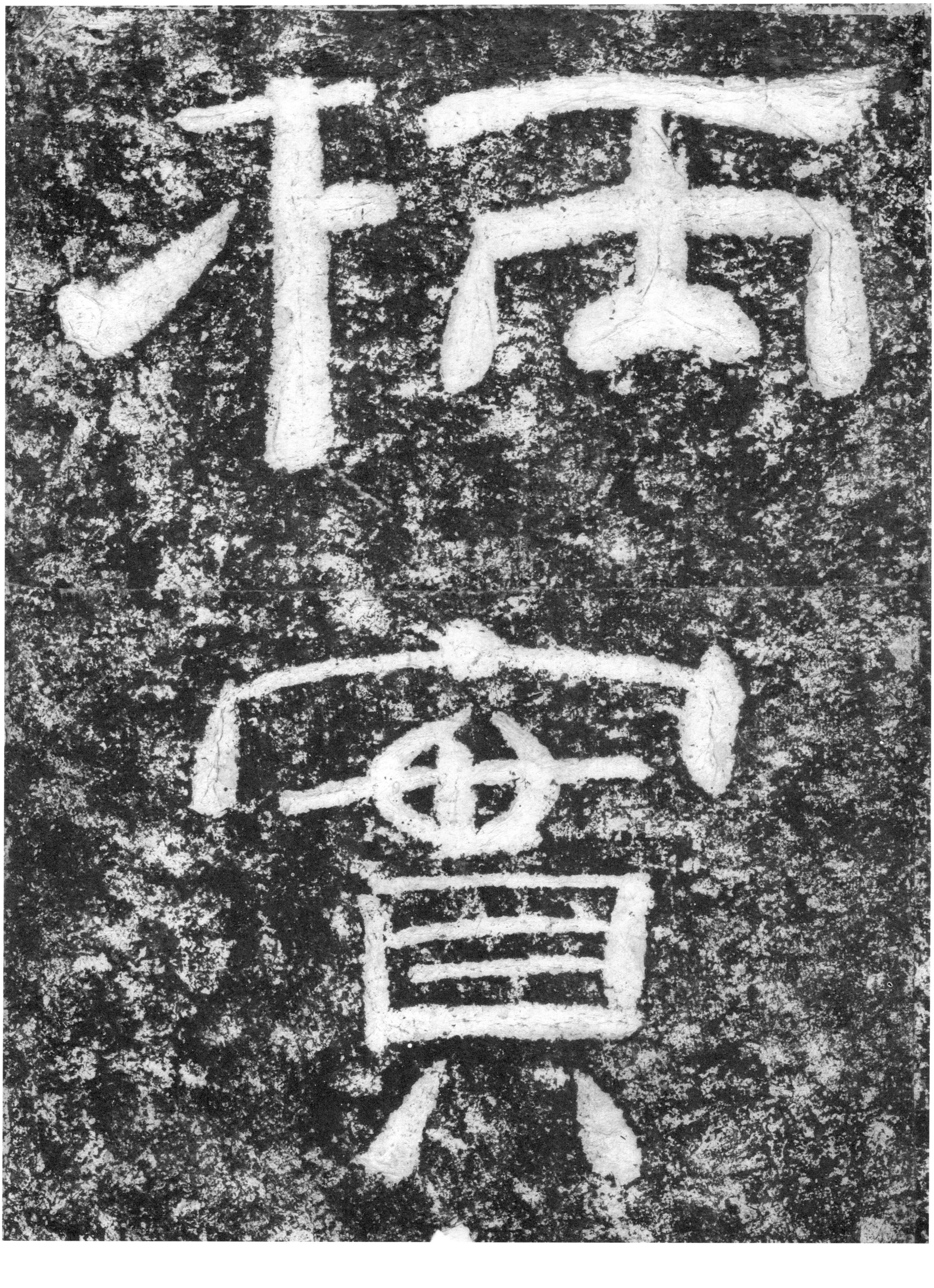

柄

實

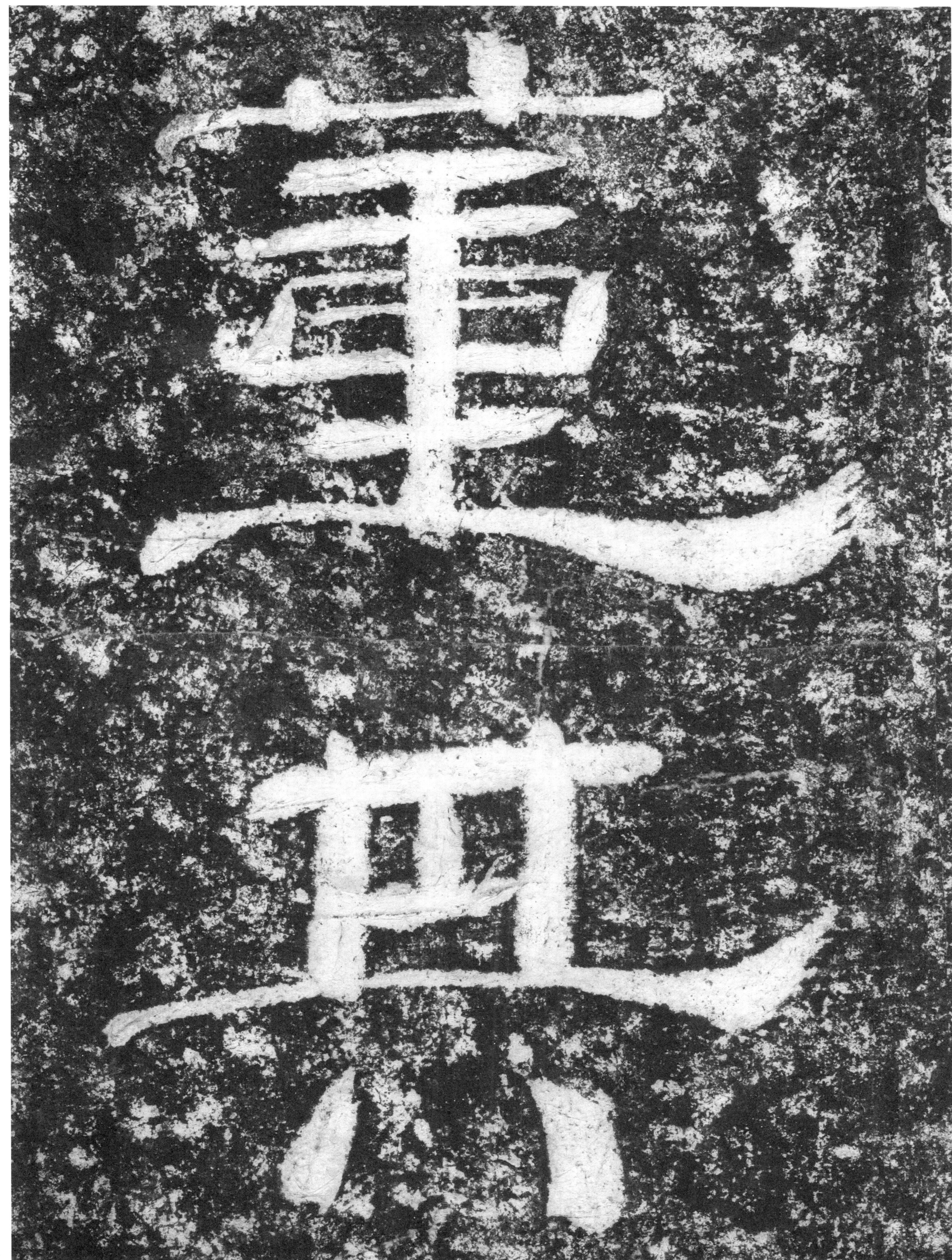

南宋《赵彦呐等游石门题名》《安丙游石门题诗》

南宋《赵彦呐等游石门题名》《安丙游石门题诗》

『石门十三品』之说，初始于清代。民国时，将《李苞通阁道题名》和《晏袤释潘宗伯、韩仲元、李苞通阁道》纳入其内，而将《赵彦呐等游石门题名》和《安丙游石门题诗》剔除，其余十一名皆保持不变。

《赵彦呐等游石门题名》，于南宋理宗宝庆二年（1226）刻于石门隧道东壁，内容是记兴元制置使赵彦呐视堰修契事和龙隆之、刘丙、耿巽、彭顺成、白巨济同游石门事。

《安丙游石门题诗》系南宋安丙手笔，刻于石门南的山崖间，内容是一首游石门的题诗，『凌晨走马过花村，先玩玉盆到石门。细想张良烧断处，崖间伫立欲销魂』，署名『皛然山叟』。安丙著有《皛然集》，皛然为其号。南宋开禧二年（1206），安丙诛叛臣吴曦有功，被委任为端明殿学士、中大夫，知兴州安抚使兼四川宣抚副使，继而又任四川制置大使兼知兴元府。在此期间游褒谷，遂有此题刻。

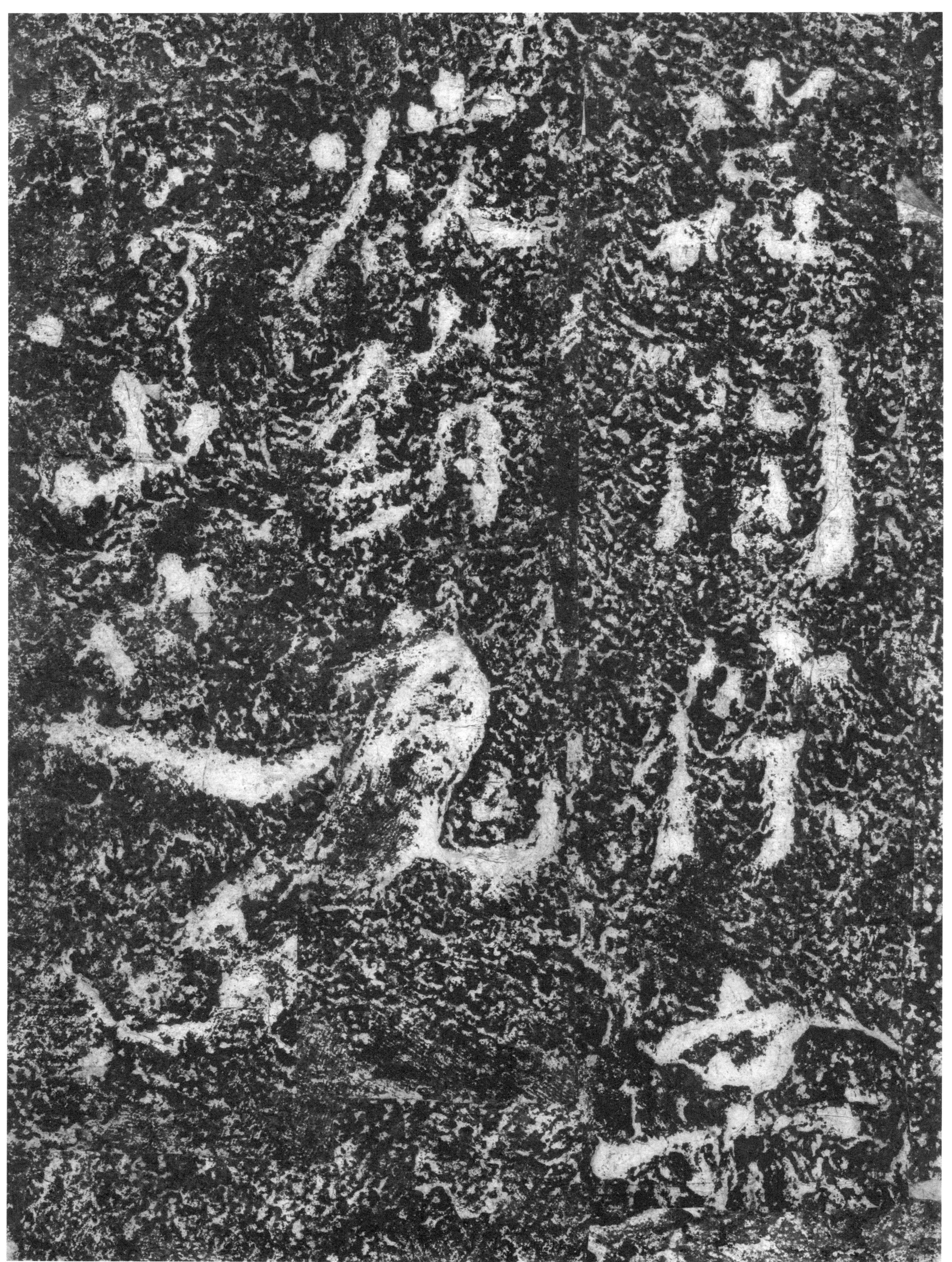

崖间伫立　欲销魂　□(皛)然山叟

纪国赵彦呐敏　□(若)视堰修祀事　阆中隆之景南

普慈刘炳光远　广汉耿巽谦□　新沔程以厚伯　威左县□平之

西□(古)繁彭顺成季　行潼川白巨济　普叔同徕玩玉　盆揖圩潭舣舟

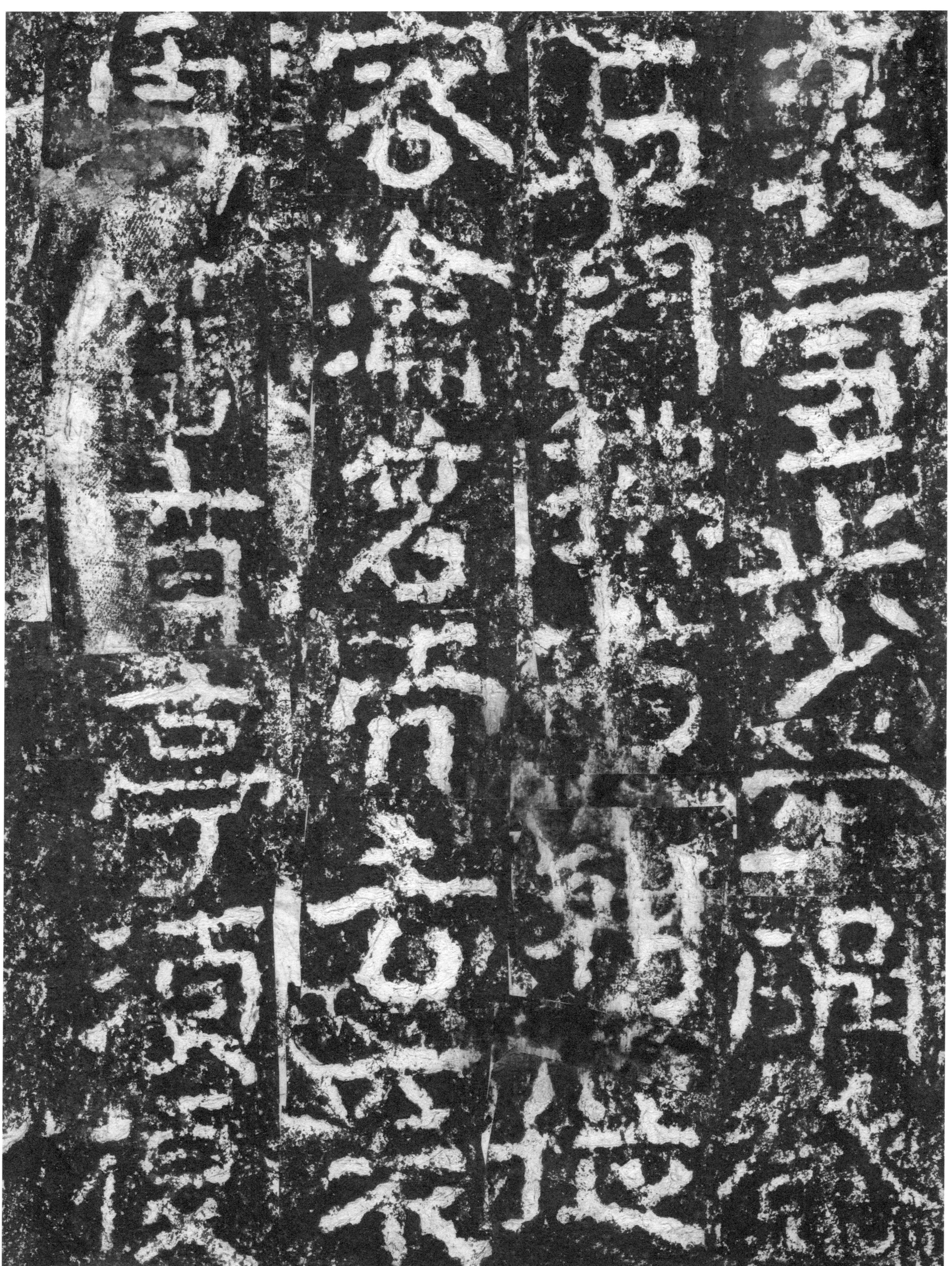

窔雪步牵确登　石门拂古翰从　容沦敬而去窔　雪旧有亭须复

规度云宝庆丙　戌前熟食五

石门十三品探踪述略

『石门十三品』的来历及其形制与部位

清代中晚期，随着碑学的崛起，碑石或摩崖群体，备受社会关注。唯因其数量过多，良莠混杂，不便观赏，遂有遴选精品之举。从百余种石门石刻中遴选的『石门十三品』，即为其例。众所周知的河南洛阳的『龙门二十品』，亦属此类。由于遴选角度不一，致有不同的组合。清代所称的『石门十三品』，兹以时代先后为序，将其名称述后：

汉《鄐君开通褒斜道》摩崖（即《大开通》）
汉《故司隶校尉楗为杨君颂》摩崖（即《石门颂》）
汉《右扶风丞李君通阁道》摩崖（即《李君表》）
汉《杨淮、杨弼表记》摩崖（即《杨淮表记》）
汉隶《石门》摩崖
汉隶《玉盆》摩崖
汉隶《石虎》摩崖
汉隶《衮雪》摩崖
北魏《石门铭》摩崖
南宋《晏袤释鄐君开通褒斜道》摩崖
南宋《山河堰落成记》摩崖
南宋《安丙游石门题诗》（即《安丙题名》）
南宋《赵彦呐等游石门题名》（即《保庆题名》）

民国时，将上述『十三品』中的南宋《安丙游石门题诗》和南宋《赵彦呐等游石门题名》去除，而代之以曹魏《李苞通阁道题名》和南宋《晏袤释潘宗伯、韩仲元、李苞通阁道》摩崖。一九七〇年修建石门水库时，即将这一『十三品』凿迁至汉中市博物馆保存。至于南宋《安丙游石门题诗》和南宋《赵彦呐等游石门题名》，未入凿迁之列，今仍湮没于水库之中，令人不胜惋惜。

今将前后两种『十三品』予以归并，裒为专辑，称《石门汉魏十三品合集》，其名称和排列顺序为：

汉《鄐君开通褒斜道》摩崖（即《大开通》）
汉《故司隶校尉楗为杨君颂》摩崖（即《石门颂》）
汉《右扶风丞李君通阁道》摩崖（又称《李君表》）
汉《杨淮、杨弼表记》摩崖（又称《杨淮表记》）
汉隶《石门》摩崖
汉隶《玉盆》摩崖
汉隶《石虎》摩崖
汉隶《衮雪》摩崖
曹魏《李苞通阁道题名》摩崖
北魏《石门铭》摩崖
南宋《晏袤释潘宗伯、韩仲元、李苞通阁道》摩崖
南宋《晏袤释鄐君开通褒斜道》摩崖
南宋《山河堰落成记》摩崖
南宋《赵彦呐等游石门题名》
南宋《安丙游石门题诗》

以上共十五种，皆分布于古石门隧道内外，其中绝大多数为汉魏摩崖，故称『石门汉魏十三品』。有很高的文献价值，且在书法艺术上造诣甚高，正是由于这个缘故，很早以前就从数以百计的石门摩崖中脱颖而出了。

『十三品』的前面，通常冠以『石门』二字。则需说明一下『石门』与『十三品』的关系。『石门』作为一个地名或山口之名多不胜举，这里所说的『石门』，源于东汉明帝的诏书。汉《石门颂》有『至于永平，其有四年，诏书开斜，凿通石门』之句，即可为证。明帝诏书中所说的『凿通石门』系指褒斜道南出褒谷穿行于七盘山下的一段隧道。盖在古时尚无隧道之名，乃称其为『石门』。左思《蜀都赋》『阻以石门』，和郦道元《水经注》『褒水又东南历小石门，门穿山通道六丈有余』皆指此。经查勘，这段隧道呈南北向，底部与汉魏时的褒斜栈道在同一水平线上，此可由石门南山崖上残留的栈道壁孔得以证明（见图十二）。石门东壁长十六点五米，西壁长十五米；南口高三点四五米，宽四点二米；北口高三点七五米，宽四点一米，南北高差三十至五十厘米。据汉长安城地下发掘所示，汉时一轨之宽一点五米，石门的规模，正好是栈道通行车辆的一个可靠的证据。自东汉永平中凿通石门以来，行旅、车辆都由石门经过。大凡道路通塞、修治之情，皆在石门内壁镌文记事；一些文人、墨客，览此胜迹，相继题刻抒怀者，世代不绝。一九六四年勘察中，共发现石门内壁题刻三十四种，后增补为四十种，连同南北山崖上的摩崖，总数达百余种。这批摩崖都是以石门为中心，所以我国金石界称其为石门摩崖，对其中的十三种精品则称为『石门十三品』。

看来，『十三品』与『石门』有着不解之缘，可以说，没有『石门』就不会有『十三品』。而『石门』也不是孤立存在的，它又和为时数千年来的褒斜栈道有密切的关系。

褒斜栈道被誉为蜀道之始[三]。记载中说武王伐纣时，这条道路已通行[二]。不

过限于当时的技术水平和生产水平，还不能架设栈道。《战国策·秦策》和《史记·范雎、蔡泽列传》皆曾记述，范雎相秦『栈道千里，通于蜀汉』。其所云的栈道，包括由关中到汉中的褒斜道和由汉中入蜀的金牛道。范雎相秦始于秦昭襄王四十一年（前266），至晚从这时起，褒斜道与它南面的金牛道已同为栈道无疑。汉武帝时曾『发数万人，作褒斜道五百余里。』[3]这次兴工的理由是：『抵蜀从故道，故道多阪，回远；今穿褒斜道，少阪，近四百里。』[4]褒斜道作为一条较近便又平缓的入蜀之道，于此可证。汉《鄐君开通褒斜道》摩崖，记汉永平六年至九年，汉中太守鄐君承修褒斜道事，其末尾有『自益州（今四川）东至京师（河南洛阳）去就安稳』之句，说明这条道路是自京都入蜀的要道。正因为如此，在东汉永平中，为了克服位于褒谷南端七盘山这一路障，汉明帝刘庄乃有诏令开石门之举。

褒斜道既是我国历史上由关中通向西南又持续三千多年的交通要道（石门是这条要道南端的门户），又是我国乃至世界上最早用于通车的穿山隧道。这二者结合起来，便是石门摩崖得以构成的主因。此外，汉初丞相萧何和曹参拦截褒水溉田的水利设施——山河堰和褒谷山水之胜，可谓是构成石门摩崖的副因。大凡摩崖，都要以山石为依托，有史实为凭据。石门摩崖正是具备了这两个条件。

『石门十三品』的形成，还要考虑到我国文字和刻石的源流这一重要因素。就文字而言，从史前时期刻在陶器上的象形文字到甲骨文，再到金文大篆、小篆、隶书，经历了一个漫长的历史过程。而隶书始于秦，兴于汉，东汉尤胜。『十三品』中的隶书，正好从一个侧面标志着东汉隶书的隆盛。事有凑巧，我国的刻石也是始于秦而兴于汉的。诚如宋郑樵《通志金石略·序》所云：『三代而上，惟勒鼎彝，秦人始大其制而用石鼓，始皇详其文而用丰碑。』由于石在天地万物之中，性坚而稳，因此刻石兴起之后，镂金渐次绝迹，至汉代，刻石已蔚然成风。石门摩崖就是极好的例证。石门摩崖的内容多述及东汉及其以后各代褒斜道与石门通塞之事，而在东汉前就有过多次修栈道之举，如秦惠文王以金牛为诱饵促使蜀王修道事，又如汉武帝诏遣下御史大夫张汤之子张卯修道事。凡此，皆见于史而为石门摩崖所不载。究其原因，就在于石门摩崖本身不能逾越整个刻石源流这一规律。

十三品摩崖，一般都保持崖面的山体原貌，与山石浑然一体，并随崖面而起伏。所不同的是，它们的大小、形状皆无定例。大者如《山河堰落成记》，通高二百二十六厘米，上沿宽五百一十厘米，下沿宽五百零六厘米，略呈长方形，当中鼓出，两边后缩为圆弧状。小者如《李苞通阁道题名》摩崖，其残高三十六厘米，上下宽各二十四厘米。此虽系残刻，下半段因崖壁崩坍而缺损，但由缺字估计，所缺部分与上半段大小相当，上下合起来，通高约为七十厘米。镌于公元六六年的《鄐君开通褒斜道》摩崖，右面狭窄，左面宽阔，略呈不规则的四边形，上沿平直，长二百七十二厘米，下沿倾斜，右高左低，斜长二百八十厘米。其首行仅八字，末尾几行至十一字。通高一百四十二厘米。镌于公元一四八年的《石门颂》摩崖，呈竖立之长方形，正文二十二行，每行三十至三十一字，排列规整，通高二百六十一厘米，宽二百零五厘米。上有题额，文两行十字。镌于公元一七三年的《杨淮、杨弼表记》摩崖，呈狭窄状的竖立长方形，刻字的排列上疏下密，首足前倾，腹部后缩如弓形。镌于公元一五五年的《李君表》摩崖，呈四边形，甚小。镌于五〇九年的《石门铭》摩崖，亦呈四边形，唯题额『石门铭』三字在右侧，与《石门颂》的题额在上者有别。『石门』『石虎』同为竖列的汉隶大字摩崖。『衮雪』系横列的汉隶大字摩崖。『玉盆』摩崖有二，横列的为汉人镌刻的汉隶大字，竖列的系宋人所仿刻。南宋《晏袤释鄐君开通褒斜道》及《山河堰落成记》两方摩崖，崖面经过琢磨，四周有边饰。其他宋代摩崖甚多，但在石门内外，皆无此装饰。这可能因晏袤是南郑县令之故，不能据此判定凡宋代摩崖都有边饰（前人曾有此说）。晏袤性嗜好古，且工书法，他作为地方的父母官至褒谷山崖间撰文勒石，其巍然巨制，竟为石门摩崖之冠。这是一般游客的题名、题记所望尘莫及的。南宋《安丙游石门题诗》和南宋《赵彦呐等游石门题名》皆无边饰，呈竖高形。

关于『十三品』的部位，兹简要述之于后：

《鄐君开通褒斜道》摩崖，在石门南二百五十米处褒河西岸的山崖间，在其下方五十厘米处，即为南郑县令晏袤所撰写的释文。

《石门颂》位于石门西壁中部，距石门南口五米多，其南侧半米许为《杨淮、杨弼表记》摩崖。（见图十七）

《石门》汉隶大字摩崖在石门北口西壁，其南侧紧接汉《李君表》摩崖。

《李君表》位于石门西壁北段『石门』二字之南。

北魏《石门铭》在石门东壁，距北口二米许。在《石门铭》下方，有北魏《贾三德题记》，亦称《石门铭小记》。

《玉盆》汉隶大字，镌于石门南侧一千五百米处的河中巨石上，靠近褒河东岸。

《衮雪》汉隶大字，镌于石门东南河中巨石上。距石门约二十五米。

《李苞通阁道题名》摩崖，位于石门北口上方东侧之山崖间。

《山河堰落成记》镌于石门南的山崖上，其下距谷底三米，上距汉魏古栈道壁孔约二百二十厘米许，其东北角上方两米许，即《晏袤释潘宗伯、韩仲元、李苞通阁道》摩崖。

南宋宝庆《赵彦呐等游石门题名》在石门南的崖壁间。

《晏袤释潘宗伯、韩仲元、李苞通阁道》位于石门南的山崖间。

《石虎》汉隶大字，镌于石门对面稍南褒河东岸的石虎峰下。

有关『十三品』中每一摩崖的形状、大小等情，可参见表一。

『十三品』拓本的选择，旨在求全、求精。全者，指存字比较齐全，前后连贯，以保全其文献价值。精者，指字迹清楚，腴润，以显现其艺术造诣。然经多方搜罗，辗转耗去数年之岁月，终无一中意者。一九七九年三月，上海书画出版社出版的《石门颂》原大影印本，据称是『明代拓本，拓工精良，虽略有填墨，无损精神面目』。而一经过目，亦不尽然。之后文物出版社又出版了《石门颂》的缩印本，虽字数较全，但笔画纤细，有伤神韵。一九八二年四月，上海书画出版社又出版了《石门铭》原大影印本，经与原刻校对，竟有多处缺漏，这个意外的发现，引起了我们对原刻的注意。原刻作为摩崖石刻，表面凹凸不平，有些字恰在凹下的部位，拓印时不易着墨。又因原刻分布于褒谷中的山野之间，山风呼啸，空气潮湿，这种自然环境对拓印极为不利；加之，多数拓工以拓印为业，但求谋生，而忽视质量的现象也时有发生。过去传世拓本的缺字，就是在这多种原因的影响下造成的。好在『十三品』的原刻，迄今健在，而且经过搬迁，已被陈列在陕西省汉中市博物馆内特意新建的广厦明堂之

表一

摩崖名称	形状	尺寸
《鄐君开通褒斜道》摩崖	不规则的四边形	西宽二百七十二厘米，通高八十至一百四十二厘米
《故司隶校尉楗为杨君颂》摩崖	竖立的长方形	上下沿宽各二百零五厘米，通高二百六十一厘米
《杨淮、杨弼表记》摩崖	竖立的长方形	上下沿宽各三十厘米、三十五厘米，通高二百六十一厘米
《右扶风丞李君通阁道》摩崖	竖立的四边形	上下沿宽各四十厘米、四十三厘米，通高七十厘米
汉隶《石虎》摩崖	竖立的四边形	上下沿宽各五十厘米，通高一百厘米
汉隶《石门》摩崖	竖立的四边形	上下沿宽各四十八厘米，通高九十八厘米
汉隶《玉盆》摩崖	长方形	上下沿宽各一百零三厘米，通高六十一厘米
汉隶《衮雪》摩崖	长方形	上下沿宽各一百零五厘米，通高七十二厘米
曹魏《李苞通阁道题名》摩崖（残刻）	竖立的四边形	上下沿宽各二十四厘米，通高三十六厘米
北魏《石门铭》摩崖	横立的四边形	上下沿宽各二百二十厘米、二百二十一厘米，通高一百八十四厘米
南宋《晏袤释潘宗伯、韩仲元、李苞通阁道》摩崖	竖立的四边形	上下沿宽各一百零七厘米，通高一百四十五厘米
南宋《晏袤释鄐君开通褒斜道》摩崖	竖立的四边形	西宽二百二十厘米，通高二百七十厘米
南宋《山河堰落成记》摩崖	横立的四边形	上宽五百一十厘米、下宽五百零六厘米、高二百二十六厘米
南宋《赵彦呐等游石门题名》摩崖	竖立的四边形	宽四十八厘米、高九十五厘米
南宋《安丙游石门题诗》摩崖	竖立的四边形	宽三十七厘米、高六十五厘米

中。环境的变化，给拓印工作带来了有利条件。因此我们决定以精心制作的现存原刻拓本为底本，并以晚清《石门十三品》古旧拓本为参照，将此二者互通有无，以期求全取精，用这种办法，来编辑《石门汉魏十三品合集》。

负责拓印的是祖籍汉中褒谷，世代经营拓制的老拓工张忠发先生。其曾祖张茂功，清同治时就以拓制石刻拓片为业，石门石刻《汉忠武侯八阵图注说》的落款中曾署有张茂功之大名。张忠发携其二子，苦苦操劳数十日，乃将『十三品』拓制完毕。装裱工作是在熟悉石门石刻又深谙装裱工艺的李宏文、吴宏两位先生的指导下进行的。历时数月，乃告成。

先将此拓本中的《石门颂》《石门铭》与上海书画出版社出版的《石门颂》《石门铭》相互对照，在两者比较之下，或可窥见其精神面貌。为了叙述方便起见，姑称上海书画出版社的为旧本，新拓裱的为新本。

先说《石门颂》

题额『故司隶校尉楗为杨君颂』十字中，『司』字下半段『口』部右侧的竖笔，旧本不可见，新本尚隐存。『校』字的『木』旁，旧本泐甚，新本清晰；『文』旁的右下捺，旧本也没有新本清楚。正文：『惟』字竖心旁的垂笔上部，旧本被填墨掩盖，新本则保持原刻真貌。『川泽股躬，泽有所注』八字，旧本『泽』字仅存上半部，『注』字仅存下半部，『川泽』之后『股躬泽有所』五字均缺，而新本不仅不缺字，而且每字都很丰润。『春宣圣恩』四字，『恩』字旧本泐甚，竟无从得识，新本虽泐而可识。『咸晓地理』四字中，『地』字右下部旧本全泐，新本尚存。『王府君闵谷道危难』中，『危』字旧本泐甚，几不成字，新本泐而隐存。『或解高格』中，『高』字下部的『口』部，旧本无所见，新本尚健在。『守安阳长』中，『长』右下捺，旧本全泐，新本隐存。

上述旧本之瑕疵，只能归结为拓本之拙劣，非原刻毁败之故。

在旧本中另有『高祖受命』的『命』字和『世世叹通』的『通』字的下垂笔都被截断了，致使有伤笔意。『以汉诋焉』和『焉可具言』两个『焉』字，前后写法不同，而旧本将前一『焉』字右下方向右弯转的弧形笔画，人为地肢解了，从而混淆了这两个『焉』字的区别。『垓鬲尤艰』的『尤』字右下笔末尾的挑笔，旧拓本也予截断。『谋合朝情』中，『情』字的偏旁『忄』，旧本竟变为『米』。凡此，不会是拓工之过，很可能是拓片编制过程中加工者臆断所致。至于何以有此臆断，则是很值得考究的。

旧本也有优点，如『履尾心寒』中，『心』字下横弯笔末尾的挑笔比新本清楚。『焉可具言』中，『具言』二字，新本石花较重，不如旧本干净。『至建和二年』中，『至』字下横笔，新旧本皆泐，新本尤甚。『魏整字白玉』口，『整』字旧本好于新本。此外，旧本的笔画尚能充分表达原刻的意态，不失为临摹学习之佳品。这些，皆可视为石刻在早前岁月中的真迹，当是十分可贵的。旧本之早，似无可讳言。遗憾的是，这样一个早期的拓本，由于拓印和编制上的疏忽，致有上述弊病，使人不胜惋惜。

再说《石门铭》

旧本首行『此门盖永平中所穿』的『此』字犹存，是甚为难得的『此』字本。『此』字毁于清初，之后所拓者，皆无『此』字。然亦有作伪者，以《石门铭》中『导此中国』的另一『此』字补之。今审视旧本中先后二『此』字，前后写法有别，可知皆为真迹无疑。新本无『此』字，这是无可补救的。

正文中『迴车已南』，『南』字新本泐甚，旧本尚存。『以纪鸿尘』，『以纪』二字，旧本也比新本好。

旧本所不足者如后：

『以天险难升』旧本缺一『以』字，新本『以』字泐而尚存。『领徒一万人』，旧本缺『万人』二字，新本泐而可识。落款中『卅日戊申』，『戊申』二字，旧本没有新本清楚。《贾三德题记》中『本西壁文后汉永平中开石门……』这一段文字，新本非常清晰，旧本十分模糊，且缺少『文后汉』三字，须知这三字原刻上迄今健在。旧本又多出宋人题名一段：『曹彰、李禀绍定己丑熟食日识。』绍定者，南宋理宗赵昀之年号，己丑系绍定二年(1229)，此段题名，本与《石门铭》无干，不知何以被收入《石门铭》拓本之内。

还有一个问题，即旧本后面的释文，出现了几个错字：如『乇夷递作』，『乇』

释作『屯』，令人费解。此字本系『戎』字。《说文》：『戎，从戈甲。』属会意字，写法比较怪异，但无论如何不会是『屯』字。『硐阁堙褫』，『堙』字很清楚，取其堙没之意，而被误释为『烟』字。『自回车至谷口』，『谷』字被误释为『洛』字。『汉德是强』，『汉』字被误释为『凭』字。『水眺悠皛』，『皛』字被误释为『畾』字。另有『领徒一万』的『万』字，『填碳栈壑』的『壑』字，『永怀古烈』的『古』字，旧本中皆隐隐可见，释文中却以□示缺。凡此，皆有损拓本的文献价值，也给临摹带来了困难，因此有必要予以厘正。

通过上述比较，可知新旧拓本各有所长，旧本因拓制较早，石刻面貌自应比后来的好；但限于当时的条件及操作的粗糙，接连出现了一些人为的失误，以致使拓本遭到不应有的损害。新本拓制较晚，若因石刻原貌受损，则是无可挽救的缺陷；若因人为的失误，则可在精细的操作中予以弥补。事实说明，后者的潜力是很大的。新本《石门颂》和《石门铭》能够优于旧本，当为明证。

『十三品』中，现已出版问世的仅《石门颂》《石门铭》两种，其余多种，尚无问世拓本可作比较，只能以原刻为鉴别之依据。为了便于识者对照，我们将每一拓本的释文，皆按顺序标出，力求将原刻的现状客观地反映在这套拓本上来。我们衷心期望这套拓本，既能较好地服务于当代的研究，也能为后世的访古探踪提供方便。

对『石门十三品』字迹缺损情况的检验

『十三品』之所以颇负盛名，就在于他那种古朴的刻字上。古今都很重视这方面的研究。清人方若有《校碑随笔》一书，今人王壮弘予以增补，谓《增补校碑随笔》[5]，都论及『十三品』中部分摩崖的残损情况。笔者近年来对『十三品』原刻（不仅是拓片）的现状，逐一予以检验，兹将检验结果连同前人著录一并分述于后。

汉《鄐君开通褒斜道》摩崖

清人方若在《校碑随笔》中记述：『考晏袤释文题记，知共一百三十九字，拓本则只见「九千八百」等字止，少三十余字。最旧拓本「钜鹿」二字未损，后「钜鹿」二字与七行「掾」下「治」字皆损甚，近为人重剜，于三字之外，凡损泐处皆剜明之，转不如道光拓本称钜鹿漫漶隐存其真也。重剜本「九千八」等下剜明「百」字，更剜明「四」字。道光拓本末行八百之「百」字惟上划可辨。』

今人王壮弘增补曰：『曾见清初淡墨精拓本，石面凹凸不平，石花斑驳，笔画较肥。三行「郡巴郡」二「郡」字皆无大损，六行「钜鹿」。七行「治级」、末行「万」字均完好无损。道光时拓本，「钜鹿」二字泐，「治」字泐，「级」字左半泐，「万」字下半泐。光绪时洗石，依旧本剜泐，以上所举诸字皆复剜明。然通体字画瘦细僵硬，不复有腴润之感。有剜讹如「钜鹿」之「鹿」，原本作「鹿」，剜讹作「鹿」，「治」剜讹作「治」。又「瓦卅六万九千八百四」等字，非但「万」下半已剜明，且「百」字下又剜出一「四」字，亦旧本所无。』

经审视原刻，虽字迹漫漶，且有大片剥落，但仍可辨认者尚有九十七字。全文自『永平』起，至『九千八百四』止。一行『永平六年』，『年』字无存；三行『蜀郡巴郡』，其前一『郡』字笔画不清；四行『二千六百九十人』，其『九』字不清；七行『部掾治级』，其『治』字尚清，非『治』字，『级』字仅存右偏旁『及』，『王弘、史荀茂』其『弘、史』二字不清；八行『张宇』之后缺损；九行『太』之后缺数字，至『汉』之后复缺；十行『杨显』二字隐隐可见，余俱缺；十一行『始作桥格』之后仅见一『百』字；十二行『大桥五，为道二百』之后缺数字；十三至十六行皆可读出；十七行为首三字不清，余俱可识。

愚按：清人方若称『考晏袤释文题记，知共一百三十九字』。这个字数就不对。晏袤释文中自称『一百五十九字』而未曾说『一百三十九字』，但实际只有一百五十字[6]。今人王壮弘先生又称清初淡墨拓本『七行「治级」……完好无缺……道光时拓本「治」字泐，「级」字左半泐……光绪时洗石，依旧本剜泐，以上所举诸字皆复剜明。』而今原刻中，『级』字左半仍泐，『治』字实系『治』字。仅此一例，可说明重剜之说不确。据笔者访问清同治拓工张茂功的四辈孙张忠发得知，他们世代四辈经营石门摩崖拓印之业，未闻有重剜之说。但作伪的现象时有发生，如《石门铭》首句『此门盖汉永平中所穿』，其『此』字早已无存，于是在拓印时先将『此』字空下，再以另一此字补之。须知我国金石界，对于古刻素有重剜之忌。汉中略阳的汉《郙阁颂》摩崖，被明代一略阳县令申如陨重剜补字，世代皆非之，申氏之举遂流为笑谈。此可为重剜者戒。况《鄐君开通褒斜道》摩崖的石质属硬绿石石英片岩，是一种铁镁硅酸盐矿物，风化过程中极易剥落，此摩崖字迹残损殊甚，就是这个原因。在这样的石质上，对残存近两千年的刻字予以重剜，必将弄巧成拙，恐无人敢贸然行事。方若和王壮弘先生皆未曾亲睹原石，其重剜之说不知有何依据。

汉《故司隶校尉楗为杨君颂》（《石门颂》）

此刻清人方若未记，今人王壮弘增补曰：『明拓本第十七行「春秋记异」，「春」字右捺，「秋」字「火」部左撇，「记」字末捺皆未损。清初至乾隆时拓本第二十一行「高」字下半为苔土所掩，作半泐状。嘉道间洗剜后拓本，「高」字下半已剜出。然后，惟灵定位之「惟」字「隹」部第二横挑笔末端未与右石泐连。近拓十七行「春秋记异」之「秋」字「禾」部，除上下二处裂损外，中又增裂痕一块。』

今审视原刻，全文六百五十七字，仅有个别字残损，余皆清晰可见，且无缺字，是汉代石刻中幸存至今的佼佼者。

题额一行『故司隶校尉』之『故』字左半下部，『司』字右竖笔下部和二行『楗为杨君颂』的『楗』字右半部为石花所泐。

正文一行『川有所通』，『所』字上部，『余谷之川』，『之』字右部，『其泽南隆』，『泽』字右半部皆稍泐。三行『建定帝位』，『定』字中部稍泐。四行『子午』、『凡此』四字稍泐。五行『诏书开余』，『余』字右下捺，『县峻』，『峻』字山部右竖和『夋』部右下捺皆稍泐。六行『淖泥』，『泥』字中部泐。『鲜晏』，『晏』字中下部和『木石』二字左半部稍泐。七行『恶虫』，『虫』字下部泐。『蛇蛭』，『蛇』字左半部，『未秋截霜』，『秋』字左半部、『霜』字下半部和『稼苗夭残』，『稼』字右半部，『苗』字左半部，『残』字右半部皆稍泐。八行『终年不登』，『终』字右下部，『不』字左撇稍泐。『弗安』，『安』字下部和『愁苦之难』，『难』字上部以及『明知』的『知』字左半部皆稍泐。九行『君遂执争』，『君遂』二字和其后的『百』字右下部稍泐。十行『咸从』，『从』字与『功饬尔要』，『饬』字上部，『清凉调和』，『清』字上部，『调』字左下部和右上部泐。十一行第二字『至』稍泐。『涉历山道推序本原』，『山』『推』二字半泐。十二行『嘉君明知美其仁贤』，『知美』『仁贤』皆稍泐。十三行『春宣圣恩』，『恩』字半泐。十五行『恢弘大节』，『弘』字右半稍泐。『谋合朝情醳艰即安』，『情』『艰』『即』三字稍泐。十七行『庶士悦雍』，『雍』字泐。『农夫永同』，『永』字上半部泐。『春秋记异』，『秋』字『禾』部上半泐。『今而纪功』，『今』字下部、『而』字右部稍泐。『垂流亿载』，『垂』字竖笔、『流』字右半稍泐。十八行『仁知』，『知』字泐。十九行『季南』，『季』字下部，『产伯』，『伯』字左旁稍泐。二十行『危难』，『危』字和『分置六部』四字皆稍泐。『魏整字伯玉』，『整』『玉』二字泐。二十一行为首的『遣』字上部稍泐。『高格』的『高』字下部半泐。二十二行末尾的『长』字右下捺泐。

此刻虽有上述残泐，但泐而可识，通体绝无剥落现象。此石经检验属石英岩（SiO_2），是刻石佳品。因此，一千八百多年来，几经洪浪冲蚀，又被人们辗转捶拓，而迄今仍然完好。

至于王壮弘先生所称『清初至乾隆时拓本第二十一行「高」字下半为苔土所掩，作半泐状。嘉道间洗剜后拓本，「高」字下半已剜出。』可能又是一种误会。此『高』字至今犹存，唯因石面不平，其下部凹下，故拓印时稍有疏忽，就会使下部不显，此乃拓工粗心之故。剜石之说，不足信也，参看原石照片，自可真相大白。

汉《杨淮、杨弼表记》摩崖

清人方若记曰：『旧拓本末，本无「黄门」之「黄」字，翁氏《两汉金石记》阙之，王氏《金石萃编》补足之。今观拓本，「黄」字故未泐，盖当时遗拓也。旧拓本遗拓「黄」字不奇，以其正当前行泐处，乃竟有遗拓「下玉」二字，则奇。』

王壮弘先生增补曰：『乾隆前拓本，「黄门」「下玉」四字完好，然此四字往往失拓。近百年拓本，「黄」字只存上半，下半裂损。』

此刻方氏与王氏所见皆属实，迄今『黄』字仅留上半部，下部全泐。『门』字与『下玉』二字皆完好。今原刻共存一百七十一字，缺二字，残损多字，计一行的『杨』『举』『廉』三字稍泐。二行『将军长史』，『长史』二字泐甚。『任城、金城、山阳太守』二『城』字与『金』『太』诸字半泐。『御史』的『史』下部左撇泐。三行『将作大将』，『作』字左半，『大』字中横泐。『河南尹』，『河』字左半泐，『尹』字左下撇泐。『伯邳从弟』，『邳』字右部、『弟』字下部稍泐。『孝廉』，『廉』字上部泐。四行第三字『夏』下部泐。『复举孝廉』，『复』字泐。『尚书侍郎』，『书』字中横、『郎』字右竖泐。『迁左丞』，『迁』『左』二字泐。『冀州刺史太医令』除『史』『太』『医』三字而外，余俱泐。『下邳』，『邳』字右部稍泐。五行『国丧名臣，州里失覆』，『丧』『覆』二字泐。末尾『二君清』三字皆泐。六行第一字『廉』字无存，『约身自守』，『约』『身』『守』皆稍泐。七行『黄门』，『黄』字上半隐隐可见，下半不存。『子珪』，『圭』字，『熹平』，『熹』字，『追述勒铭故赋表纪』之『勒』『铭』『故』三字皆泐。

清人方若举『黄门』的『黄』字为例，说明旧拓本有遗拓现象，此说属实。上述残泐诸字，也是仅凭拓本所无从得知的，足见以拓本论碑之弊，不可忽视也。

汉《右扶风丞李君通阁道》摩崖

此刻方氏和王氏皆未记述。今审原石，仅存五十字，且漫漶殊甚。首行『右扶风丞楗为武阳李君讳』十一字中，『扶风丞』三字清晰，『楗』字左旁易识，右旁不显，『为』字略见部分刻痕，『武』字不存，『杨』字仅存右旁，『李君讳』三字皆泐。二行第一字酷似『禹』，然因刻痕、泐痕交杂，终难认定。『字季杰』，『季』字右下部泐，『杰』字为泐痕所蔽，真相不明。『以永寿年中』，除『中』字以外，余皆泐。三行『解大台政由其』以下几字皆不存。四行『欢喜行人蒙福君故』之后缺一字，『益州』后又缺一字，且『蒙福君故』四字泐甚。五行『事再举孝廉尚』之后诸字俱缺，且『廉尚』二字泐甚。六行『郡朐忍令换汉』之后缺数字，至末尾与『宜』字接。七行『禾都尉』三字俱存。

汉隶《石门》摩崖

今完好无缺。

汉隶《玉盆》摩崖

经流水冲蚀，字迹微存。宋人摹刻的『玉盆』二字，今保存完好。

汉隶《衮雪》摩崖

今虽字迹清晰，但因捶拓日久，部分笔画已有明显的扁平化的趋向，特别是『雪』字下部右竖笔尤甚。

汉隶《石虎》摩崖

原石在修宝汉公路时被毁，后据原刻拓片复制『石虎』二字，虽字形未变，而往日摩崖的石花已不复存在。

曹魏《李苞通阁道题名》摩崖

此刻方氏未录，王壮弘先生增补曰：『景元四年十二月，隶书，三行，前后行各十四字，中行十字。原在陕西褒城石门南崖，久佚。』其后引方朔云：『或谓凿去，或谓改道崖高不能再拓。』又引缪全孙云：『崩入水中。』

按：《李苞通阁道题名》摩崖本在石门北口上方东侧，清同治时为罗秀书所发现。此前，人们但知南口有此摩崖，罗氏始证以南口之摩崖为重刻品。王壮弘先生所增补的正是这一重刻品。今重刻之摩崖已湮没，原刻亦因山崖崩塌而断去一部，好在上半部仍存在。残留有两行刻字，首行第一字全泐，由第二字起为『景元四年十二月十日』，其中，『年』字泐甚，余皆清晰。二行『荡寇将军浮亭』『荡寇』二字泐甚，余皆可识。

北魏《石门铭》摩崖

清人方若记曰：『旧拓本第二行首此门之「此」字未泐』。王壮弘先生增补曰：『明拓本二行「此门」之「门」字左上未与石花泐连。清初拓「此门」之「此」字未泐，乾隆拓三行「自晋氏南迁」之「晋」字左旁石泐痕仅与上二横首端微连。道光以后拓本，「晋」字左泐痕侵及「日」部左竖。光绪以后拓本「晋」字未泐。此石明末清初拓本字画肥润。有另刻「此」字接拓充作旧拓者。「此门」二字处石花不贯连且呆滞而字画软弱者，即是此类伪作。』

按：此刻今仍在。《石门铭》本体及附记共六百一十六字，经逐一检视，为首的『此』字无存，『门』字左上部与石花泐连，『晋』字泐痕已由下面的『日』部左竖上串。凡此，皆与王氏所见同。此外，尚有诸多残缺为王氏所未述及者，今予补之。

正文五行『峭岨盘迂』，『峭』字右半『肖』的右竖泐，『盘』字已难辨认，『九折』的『折』字左半泐。六行『实仗才贤』，『实』与『贤』字泐，『朝难其人』，『朝』『难』二字左半皆稍泐。七行为首一『诏』字左半泐，『龙骧将军』，『骧』字右半泐，『梁秦诸军事梁秦二州』九字皆有泐痕。八行为首的『祉』字右半泐，『建旆嶓漾，抚境绥边』，『边』字无存，余皆稍泐，『盖有叔子之风焉』之『盖』字泐甚，余皆稍泐，『以天嶮难升』，『以』字泐甚，余皆稍泐，末尾一『转』字右半部泐。九行为首一『输』字泐甚。『自回车已南，开创旧路，释负担之劳』『已』字后几字皆漫漶不清，『就方轨』，『方』字泐甚。十行『贾三德，领徒一万人，石师百人，共成』十四字中，『德』字泐甚不可识，『领』『徒』『一』三字隐隐可见，『万人』二字为石花所蔽，难以分辨，『石师』二字犹存，『百』字已无所见。十一行『巧思激发，精解冥会』，『发』字泐甚，『精』字无存，『冥』字微微可见，『元凯之梁河，德衡之损蹑』，『河』与『衡』字泐甚，『蹑』字在十二行为首一字，右下半部泐。十二行『蹑』以下『未足』之『足』字仅存下部，『四年』的『年』字仅存竖笔，『回车至谷』诸字虽存而极难辨认，十四行『骈辔』的『辔』字下部泐，『往哲所不工，前贤所辍思』除『思』字外，余皆难辨。十五行『王生履之』，『王』字上横泐，『生』字左撇不可见，『履』字难识，『葛氏若存』，『存』字泐甚。十六行为首二字『之劳』，『之』字半泐，『劳』字泐甚。『于是畜产盐铁之利，纨绵罽毲之饶』诸字皆有不同程度的泐痕，其中『畜产』『铁之利纨绵』七字尤泐。耐人寻味的是『纨绵罽毲之饶』六字字形突然缩小，以避其右面的石缝，下接『充牣川内四民』六字又折向右方，俨然两行而实则一行。下接的这六字漫漶而可辨。十七行『百姓息肩壮矣』，『百』字上横泐，『姓』字刻痕淡微，『壮矣』二字半泐。『筹等张蔡，忠公忘私』八字皆泐，后四字尤甚。十九行『大禹所彰』，『禹』字泐，末尾『国以宣』三字亦泐。二十行『既逸且康』『逸』字泐甚，『康』字左下撇泐，『去深去阻，匪阁匪梁』，『深』『匪梁』三字泐，『西带汧陇』，『带』字上部和『陇』字左半泐。二十一行『东控樊襄』，『控』字半泐，『河山虽险，汉德是强』，『虽险汉』三字泐，『今则关疆永怀』六字皆泐。二十二行为首三字『古烈迹』皆泐甚，『不逢殊迹』，『不逢殊』三字亦泐甚，『水眺悠皛，林望幽长』和末尾一『夕』字皆泐甚。二十三行『秋风夏起』，『秋风夏』三字皆泐，『寒鸟春伤穹隆高阁有车』十字中『寒』『春伤』『穹』『车』五字清晰，余皆泐。二十四行为首『辚辚』二字无存，『咸夷石道』，『咸』字泐，『驷牧其驷』，『驷』字泐，『千载绝轨，百辆更新。敢刊岩曲』十二字皆泐而可识。『以纪鸿尘』，『以纪鸿』三字皆泐，『尘』字隐约可见。二十五、二十六行是为落款，虽漫漶但可识。

南宋《晏袤释鄐君开通褒斜道》摩崖

此刻为方氏和王氏所未录。据载其全文七百六十二字，今检视原刻，仅存四百八十七字，残二字，缺二百七十三字。残缺如此之甚，当为十三品之最，究其原因亦系石质粗劣所致。此摩崖与《鄐君开通褒斜道》摩崖在同一崖面上，皆属硬绿石英片岩，极易风化成片状，所以有大片剥落。原刻中现存之刻字详见拙作《晏袤释鄐君开通褒斜道摩崖评识》一文[7]，在此不赘。

南宋《晏袤释潘宗伯、韩仲元、李苞通阁道》摩崖

此摩崖亦为方、王所未录，晏袤《释文》所录《潘宗伯、韩仲元、李孝章通阁道碑字》计有正文两段：

其一，『潘宗伯、韩仲元以泰□六年五月十日造此石□。』

其二，『景元四年十二月十日，荡寇将军浮□□□李苞□□□□□□□□□木工二千人始通此阁道。』

上列两段摩崖，共存四十二字，缺十三字。原刻迄今犹存，虽有部分漫漶，但可辨认。

在以上两段刻字左侧，即晏袤释文，见于著录者共三百一十九字，今实存仅二百七十五字，有四十四字或刻痕无着，或漫漶不可识。

南宋《山河堰落成记》摩崖

此摩崖亦为方、王所未录。全文十六行，满行九字，共一百三十七字。首行头两字『绍熙』系清嘉庆时一廖姓石工取石所伤，县主怒甚，几将此石工毙于杖下，但也无可补救。清人罗秀书在《褒谷古迹辑略》一书中记此。这是褒谷摩崖中唯一见之于记载的一处损伤。第十三行有竖长的泐痕，自上而下，串及『当四倍于每』五字，但泐而可识。此摩崖字大如碗，笔画异常清晰。

南宋《赵彦呐等游石门题名》

此摩崖全文七行，每行十五字，原石仍在水库中。仅据拓片得知，其首行『赵彦呐敏若』五字漫漶、隐存，『阆中』二字尚可识；二行末『谦』字亦难辨；三行下方『县□平之西□』数字为泐痕所掩；七行『熟食』之『食』字仅存部分笔画。其余诸字，俱可识读。

赵彦呐，《宋史》卷四百一十三有其本传，称他字敏若，彭州人。登四川类试第。少以才称。吴曦叛，以禄禧伪守夔，彦呐结义士杀之，遂显名。嘉定十二年，关外西和州新被兵，制使安丙檄使经理，金人再至，战却之。因请修州北水关，募民耕战以守；又劝丙尽捐关外四州租，结民兵使各自为守。皆不行。在州五年，得

军民心，转提点刑狱，寻帅沔，时誉甚都。及崔与之代丙，始察其大言无实，谓他日误事者必此人，请庙堂毋付以边藩。寻夺其节制。他在宝庆元年(1225)，曾移帅兴元。次年，偕同龙隆之等一行多人游石门，遂有上述之题刻。

南宋《安丙游石门题诗》

此摩崖全文五行，三十一字，前四行为七言诗，每行七字；五行系款文四字。前四行有轻微之漫漶，皆可识读。款文四字模糊不清，被邑人诧为「崖然题名」；明嘉靖时《汉中府志》卷十二《古迹》一节，称此为北宋文同题诗，清同治时《褒谷古迹辑略》亦然此说。一九八八年四月，汉中举办第三届蜀道及石门石刻国际学术研讨会，在会上，有幸目睹一日本学者所持此题诗的清代拓本，其后系「晶然山叟」四字。据《宋史·安丙传》所记，安丙著有《晶然集》，而且，在抗金之战中，安丙累有战功，以致金人「揭示境上，得丙首者，与银绢二万两匹」。至南宋开禧三年(1207)，因惩叛臣吴曦有功，朝廷加丙端明殿学士、中大夫，知兴州安抚史，兼四川宣抚副使。后又被擢任大学士、四川制置大使兼知兴元府。在此期间，安丙游石门题诗，当在情理中。

『石门十三品』字形、字义考辨

『十三品』中，为时最早的《鄐君开通褒斜道》摩崖是在许慎《说文解字》以前镌刻的。次如《石门颂》《李君表》《杨淮、杨弼表记》等摩崖，虽镌于许慎《说文解字》之后，但因地域的限制，其中的一些冷僻字亦为《说文解字》所未载。因此说，『十三品』中有相当一部分刻字，并非约定俗成而又规范化的文字。它们在一定程度上，反映了地域的特色，也反映了书者个人的习性。对这部分刻字，历代识者颇多，注家蜂拥。其中确有见地者，如宋代欧阳修、赵明诚、洪适诸家，清代的王昶和冯氏二兄弟等，都做出了不朽的贡献。这是石门石刻研究中所不能忽视的。

『十三品』中，最为诸家赏识的莫过于《石门颂》，现以《石门颂》为例，简要介绍一下前贤的著录：

欧阳修《集古录》云：『古汉司隶校尉杨厥碑，用字简省，复多舛谬，惟以巛为坤，以余为斜，汉人皆尔。独诋字未详。』

按：『𡿨』见于《石门颂》正文首行『𡿨灵定位』之句，原字是『𡿨』而非『巛』。『余』亦见于《石门颂》首行『余谷之川』之句。余即褒斜之斜。欧阳修说『汉人皆尔』，说明这两字在汉时已通用。《鄐阁颂》摩崖有『𡿨兑之间』即可为例。赵明诚《金石录》云：余赏读《后汉书·邓骘传》有云，『时遭元二之灾，人士荒饥。章怀太子注以谓元二即元元也。古书字当再读者，即于上字下为小二字，后人不晓，则读为元二……又曰「中遭元二，西戎虐残，桥梁断绝」，若读为「元元」则不成文理，疑当时自有此语。汉书注未必然也。』

按：『元二』见于《石门颂》正文五行『中遭元二』之句，紧接此句者为『西夷虐残』，赵氏录文中将『夷』误作『戎』。洪适《隶释》云：『碑云司隶校尉杨君厥字孟文，《水经》、欧、赵皆谓之杨厥碑。蜀中晚出杨淮碑云，司隶校尉杨君厥讳淮字伯邳，大司隶孟文之元孙也。始知两碑皆以厥为语助……赵氏云，此碑有曰，「中遭元二」若读为「元元」则不成文理。予按：汉刻如《北海相景君碑》及《李翊夫人碑》之类，凡重文皆以小二字赘其下。此碑有「蒸蒸」「明明」「荡荡」「世世」「勤勤」，亦不再出上一字，然非若「元二」遂书为大二字也。又孔耽碑云「遭元二坎坷，人民相食」，若作元元，则下文不应又言人民。汉注之非，明矣。王充《论衡》云：「今上嗣位，元二之间，嘉德布流。三年，零陵生芝草五本。四年，甘露降五县。五年，芝复生。六年，黄龙见，大小凡八。」《章帝记》所书，建初三年以后，龙芝，甘露之瑞皆同。则《论衡》所云「元二」者，盖即位之元年、二年也。邓君传云，永初元年，夏凉部畔羌摇荡西州，诏骘将羽林军五校士击之，冬，征骘班师，迎拜大将军（帝纪班师在二年十一月，传有脱字也原注）时遭元二之灾，人士饥荒，盗贼群起，四夷侵畔。骘崇节俭，罢力役，进贤士，故天下复安。四年，以母病求还侍养。则此传所云「元二」者，亦为元年、二年也。《安帝纪》书两年之间，万民饥荒，羌貊叛戾。又与传同。此碑所云「西夷虐残，桥梁断绝」正是邓骘出师时，则史传碣与《论衡》合，建初者，章帝之始年。永平者，安帝之始年。乃知东汉之文，所谓「元二」者如此。』

按：洪适对《水经》、欧阳修、赵明诚关于『厥』字之误和章怀太子李贤关于『元二』即『元元』之误，辨之甚明。惟洪氏引王充《论衡》所云：『四年（章帝初建），甘露降五县。五年，芝复生。六年，黄龙见，大小凡八。』而《后汉书·章帝记》（新版第一百九十三页）谓『是岁（四年）甘露降泉陵、洮阳二县』。又谓五年，『零陵献芝草。有八黄龙见于泉陵（第一百四十一页）。』其间，略有小异。但《论衡》所称『元二之间』在章帝初建元年二年，仍应肯定。至于《后汉书·邓骘传》所云『元二之灾』正是《石门颂》中的『中遭元二』。洪氏备述《石门颂》中由两字重叠而成的词，如正文十行『蒸蒸艾宁』，十二行『君德明明』，十三行『无偏荡荡』，十七行『世世叹诵』，十八行『勤勤竭诚』，这五处重字，原刻均以小二代之，此小二书作『=』，均书于上一字的右下侧，而『元二』之『二』为大二字，与此迥然不同。洪氏对此的辨别，确有其独到的眼力。

洪氏《隶释》又云：『碑以余谷为斜谷，充为冲，纵为综，憘为喜，積为積，西成为西城，离即离字，塗即涂字，斷即断字，胳即磐字，滯即滞字，㝵即碍字，悪即恶字，彊即疆字，瘶即恢字，醳即释字，繼即继字。』

以上，凡十七字，皆见于《石门颂》原文，此为洪氏所最早辨别者。此外，洪氏又在《隶续》中辨明『王弍』的『弍』字系戒字。『弍』字见于《石门颂》正文十九行『西成王弍』是也。

由于《石门颂》摩崖日渐残损，传世拓本又常因拓工低劣而失真，历代识者仅以拓本为据，难免会有失误，因而在诸家著录中常有歧见，甚至有舛误和疏漏。现一并试陈于后：

《石门颂》正文二行『益域为充』的『充』字，洪适释为『冲』字。后世附和者甚多，拙作《『石门颂』小考》[2]一文中，亦曾持此论。久经思虑，冲字于文意有悖。原文是『斜谷之川，其泽南隆，八方所达，益域为充』。意即褒斜道向南发展，使各方商旅由此道通往益州，从而使益州为之充牣殷富。这个『充』字，即充牣之充，而非要冲之冲。《石门铭》中有『充牣川内，四民富实』之句，可为佐证。

充与冲，形、义各别，从无通假之处，二者无由混淆，乃重予正之。

又正文一行『川泽股躬』，『股躬』二字，《潜研堂金石文跋尾》释作『股肱』；《褒谷古籍辑略》释作『服躬』，皆非。原文是『坤灵定位，川泽股躬。』股者，肢也；躬者，体也。意即主管大地的神灵，安排山河的位置，使山川如同人的躯体和四肢。此系股躬之妙用，似不宜作他解。

又正文三行『以汉诋焉』，洪适释『诋』为『诋』。《两汉金石记》辨之曰：『此诋字下无点，与「诋」字不同，当是氐字，犹《费汎碑》以诋为氐也。』以文意论，『高祖受命，兴于汉中。……建定帝位，以汉诋焉。』此与《史记·六国年表》『汉之兴自蜀汉』的记载合拍。汉高祖刘邦发迹于蜀汉而有天下，乃以『汉』作其国号。『以汉诋焉』即此意也。则『诋』即『氐』字无疑。

又正文八行『恶虫蔽狩』和十九行『安危所归』，赵一清《水经注释》记曰：『此碑（指《石门颂》）载张鸣凤《西迁注》，彼所亲睹者「恶虫蔽狩」是「恶虫蔽兽」；「安危所归」是「安危所系」，可补《隶释》之遗。』按：此刻所记『恶虫蔽狩』和『安危所归』八字今犹清晰可见，所云『恶虫弊兽』和『安危所系』，与原刻不合。不知是赵一清引用之误，或是张鸣凤《西迁注》本误。似此恣意改动原文，非识者所应取之态度，又何补于《隶释》之遗？《隶释》称『蔽狩』为『毙兽』，系释其意而非辨其形也。王昶谓『弊兽、恶虫对举，当时借蔽为敝，敝蔽通用……憋恶也。』亦就『蔽狩』之义而言，非辨其形也。愚以为字义之辨，尽可各抒己见，以合于文理为宗；而字形之辨，则必以原刻为蓝本，二者不宜混淆。

《石门颂》中，有些字为当时所流行，而后又随时代的变迁而变化。如以『余』为『斜』，以『楗』为『犍』，汉隶皆然。而后『余』、『斜』音、义皆有别；『犍』字木旁为牛旁所取代。再如『彊』『䅘』『淕』『滯』诸字，后来都去掉了草头。凡此，都为时俗所趋，谓之时代特色；而另一些字，如『叺壐』之『壐』字，与汉《王稚子阙》之『壐』字，汉《三公山碑》之『壐』字，皆系繁体靈字的简化字，反映书者去繁就简之习尚。还有『涼泥』的『涼』，今作『淖』，亦为书者所首创。无怪乎欧阳修《集古录》说『《石门颂》用字简省，复多舛谬。』类似之字，只能归于书者的癖性。清人万方田在《褒谷古迹辑略·石门汉隶序》[9]一文中说：汉人作字『字体亦多不类，或有取其音之相近者……或有取其体之相似者……或有取其大小篆之古体者……更有说文、六书所无者……皆汉儒传授字体各有不同故耳。』这段话只可说明石门汉隶字形变化的一些表面现象，而非规律使然。

石门汉隶中八个大字，即《石门》《玉盆》《衮雪》《石虎》四种摩崖，就中《玉盆》的『玉』作『王』，《说文》作『王』，解曰：『石之美者有五德』为玉，与今之王字有别；『王』字《说文》作『王』，解曰『天下所归往也』。玉字亦有书作『王』者[10]，若『玉盆』之『王』字。《衮雪》的『衮』，原意即帝王之礼服。惟杜甫诗有『无边落木萧萧下，不尽长江衮衮来』之句，此处的『衮』则与『滚』通。《衮雪》取波浪翻滚如雪之意，其『衮』与『滚』亦通。《石虎》的虎书作『乕』，《金石大辞典》列举了三十二个隶体虎字，如『汉虎牙将军印』『汉虎威将军印』、『汉虎邑长印』、『汉虎贲中郎将印』中的虎字等等。这三十二个隶体虎字，竟无一与石虎的虎字相同。考《说文解字·会意》曰：『虎足像人足也。』原来各虎字皆本着象形的原则，虽有所别，又不离其宗。这是汉字规范化以前的必然现象；我国隶书之源流亦由此而窥其一斑。

北魏《石门铭》是十三品中唯一的楷体刻字，但观其字形，篆、隶的痕迹犹存。如正文一行『戎』『夷』『递』三字，分别写为『乇』『羌』『遆』。这三字中，『遆』字系师承篆书而来，『乇』『羌』二字篆、隶、楷皆无此例。二行『自晋氏南迁』，『迁』作『遷』，『斯路废矣』，『废』作『廢』。三行，堙褫的『褫』作『禘』。七行，『刺史』的『刺』作『刾』。这些字的笔画都与今楷略异。其他诸字，其横、竖、点、捺、撇、钩、折皆不失楷之风范。所以，《石门铭》作为楷体书是名副其实的，它开后世楷书的先河，是汉字由隶向楷转化的一个新的起点。

『十三品』中，有南宋晏袤所书的三种宋代摩崖，晏袤性嗜好古，其笔下多有拟古之作，如《晏袤释鄐君开通褒斜道》摩崖正文四行『字法奇劲』的『覅』字就是效仿古字的。《金石大辞典》还列举了许多隶体法字，虽字形各异，但皆承于篆。晏袤所书的『法』字亦不例外。不过，此为约定俗成之字，非晏氏所首创。晏氏刻意求新者亦不乏见，如《山河堰落成记》正文二行『使者』的『者』字，其他篆隶体的『者』字多达二十八个[11]，惟秦量所铭刻的『者』字，类似晏袤所书，而又不尽相同。晏袤的『者』字，或师法前辈，或恣意独创，可能兼而有之。又十行『四年』的『年』作『秊』，尤为别致，《说文》《隶辨》《金石大辞典》的诸多年字，竟无一类同。晏袤向有书名，又善弄笔姿；而汉人书写，多为达意，并不过分追求书姿。汉人所书之汉隶，系当时流行之书体，晏袤之隶书，则非世俗所趋，多出于个人之习尚。

有关『石门十三品』的几种讹传之辨误

『十三品』中，以其文意而论，刻石可分为以下几类：

一、记述褒斜栈道与石门的通塞、变迁，如汉《鄐君开通褒斜道》摩崖，汉《石门颂》，汉《李君表》摩崖，魏《李苞通阁道题名》摩崖，北魏《石门铭》。

二、对前人摩崖文字的考释，如《晏袤释鄐君开通褒斜道》摩崖，《晏袤释潘宗伯、韩仲元、李苞通阁道》摩崖。

三、追怀前人之勋德，如汉《杨淮、杨弼表记》摩崖；此外《石门颂》《石门铭》亦可收入此类，不过就其文献价值而言，应以记述栈道和石门通塞为主，故此类从免。

四、凭吊褒谷山水，如《石门》《玉盆》《衮雪》《石虎》四种汉隶大字摩崖；另有《赵彦呐等游石门题名》和《安丙游石门题诗》。

五、记述山河堰的兴废，如《山河堰落成记》摩崖。

以上共五类。这五类摩崖刻字，皆以达意为宗，而非显扬书法的。后世着眼于书法，对这五类摩崖刻字进行研究，亦未尝不可；但书以文为用，文因达意而成，所以，古人历来注重对于摩崖文字内涵的研究。自北魏郦道元到宋代欧阳修、赵明诚、洪适诸家，又到明清以至近代各前贤，皆已在这方面做了极其重要的贡献。新中国成立以后，国家将『褒斜道石门及其摩崖石刻』列为全国首批重点文物保护单位，在其仅有的几篇有关专论中，亦歧见丛生，争论的势头方兴未艾，后因『文化大革命』而夭折。一九六七年，正当国内大动乱之际，香港《新亚学报》发表了严耕望教授《汉唐褒斜道考》的专著，谭宗义教授《汉代国内陆路交通考》也在《新亚研究所专刊》问世。在古今中外对这一题材的研究中，都曾触及『十三品』的内涵，笔者也曾涉足于此。但时至今日，仍感有些问题言而未尽，甚而有疏漏，因此，有必要予以补充或订正。

第一，关于杨孟文开石门之辨误

杨孟文其人，见于《石门颂》中『故司隶校尉杨君厥字孟文』之句，《华阳国志》也有所记。郦道元《水经·沔水注》云：『褒水又东南历小石门，门穿山通道六丈有余，刻石言汉明帝永平中杨厥之所开。』所谓杨厥，即指杨孟文。在《杨淮、杨弼表记》摩崖中，又有『杨君厥讳淮』之句，杨淮是杨孟文之嫡孙，爷孙两辈不会同叫『杨厥』的，至此，始知厥字为语助，并无实意。杨孟文实名杨焕，郦氏误以为杨孟文名厥。此为小误，说石门是杨孟文所开，实为大误。尽管世代附和者颇多，至杨孟文开石门之说，持续一千四百余年，但此说与《石门颂》原意不合。

《石门颂》中记述：『至于永平，其有四年，诏书开斜，凿通石门』。此指明帝于永平四年下诏，至『永平六年，汉中郡以诏书受广汉、蜀郡、巴郡徒二千六百九十人开通褒斜道』[12]，就在这次修道过程中凿通了石门。《石门铭》中『此门盖永平中所穿』，即指此而言。《石门颂》又曰：『中遭元二，西夷虐残，桥梁断绝，子午复循。』系指安帝永初元年和二年期间，西方少数民族反叛朝廷入侵汉中，破坏了褒斜道，南北往来只好重走子午道。石刻文字进一步描述了子午道的艰险，所谓『空舆轻骑，滞碍弗前。』苦于南北隔绝，司隶校尉杨孟文『深执忠伉，数上奏请。有司议驳，君遂执争。百僚咸从，帝用是听。废子由斯，得其度经』。『子』是子午道，『斯』指褒斜道。『由斯』是说在杨孟文苦苦上疏之下，使破坏已久的褒斜道得以复通。《石门颂》的中心意思，就是颂扬杨孟文为请修褒斜道而挺身上疏的事迹，而杨孟文上疏无疑是『元二』之乱以后了。考《顺帝记》，知在顺帝延光四年(安帝刘祜新崩，顺帝刘保即位之初沿用安帝年号)，诏益州刺史修褒斜道，罢子午道，盖从杨孟文所请也。由明帝永平四年(61)到安帝延光四年(125)，其间相错六十余年。杨孟文是延光时的司隶校尉，何以能在永平中开石门呢？

《石门颂》中有『禹凿龙门，君其继踪』之句，这可能是引起误会的唯一依据。殊不知在《石门铭》中又有『龙门斯凿，大禹所彰，兹岩迺穴，肇自汉皇』之句。在这两句中，大禹凿通龙门都是用作比衬的，前者隐寓杨孟文复通褒斜道之功；后者则直接与开石门联系起来，而石门的开凿『肇自汉皇』，这里的『汉皇』仍指汉明帝，从而与《石门铭》首句『此门盖汉永平中所穿』相呼应。开石门之事，显然与杨孟文是无关的。

第二，关于晏袤释文之辨误

『十三品』中，有晏袤《释文》二则，其一，《晏袤释鄐君开通褒斜道》摩崖；其二，《晏袤释潘宗伯、韩仲元、李苞通阁道》摩崖。前者系承袭郦氏所谓『永平四年司隶校尉杨孟文以诏书凿通石门』之说，上文已论及，故从略。在此，着重对后者辨误如下：

《晏袤释潘宗伯、韩仲元、李苞通阁道》摩崖，镌于石门南的崖壁间，记先后两次通阁道事：

其一，《潘宗伯、韩仲元通阁道》摩崖，记晋泰始六年（270）修栈道事。

其二，《李苞通阁道》摩崖，记魏景元四年（263）修阁道事。

这两段摩崖，皆为隶书，出自同一人之手笔。《潘宗伯、韩仲元、李苞通阁道》摩崖为前段，《李苞通阁道》摩崖为后段。前段比后段晚七年，却比后段高出四格。此布局之反常，令人费解。及至清同治十二年（1873），南郑县司铎罗秀书其人，至褒谷故地，在石门北口的山崖间，发现《李苞通阁道》摩崖残刻，始知上述的《李苞通阁道》摩崖为重刻。何以会有此重刻呢？原来在晋泰始六年，晋人在石门南题刻时，已发现石门北口上方的《李苞通阁道》摩崖有倾圮之势，恐其泯灭，乃将此段摩崖重刻于晋人题刻之下方。之所以有上述反常之布局，乃系晋人尊重本朝之故。

南郑县令晏袤于南宋绍熙五年（1194）至褒谷石门，见到上述两段重刻的摩崖。就中『泰始』的『始』字漫漶，已无从辨认，被晏袤臆断为『和』字，前面的『泰』字，又被篡改为『太』字。于是，原刻晋『泰始六年』一变而为魏『太和六年(232)』，先后错差三十八年。晏袤进而为之辩解曰：『是岁，蜀建兴十年。先是太和四年，魏司马懿伐蜀。五年，诸葛亮围祁山，魏诏司马懿拒之。秋七月，亮复军。明年，亮休士作木牛流马，故魏人得入褒中治桥阁矣。』这段辩解之词，即谓之《释文》。其谬误显而易见。太和六年，适逢诸葛亮屯重兵于汉中，大举北伐之际，诸葛亮本人驻镇黄沙（在今沔县）屯田，作流马。黄沙距褒谷近在咫尺，岂能坐视魏人入褒中治桥阁？就魏国而言：对待诸葛亮北伐，魏明帝和司马懿皆采用疲敌之计，于国门之内严阵以待，何由深入险阻至褒谷治桥阁呢？晏袤释文显然不能自圆其说。为求实起见，不能不予明辨。

第三，郑子真隐居褒谷之辨误

郑子真名朴，西汉成帝时隐士。东汉赵岐《三辅决录》曾为之立传，文云：『郑朴字子真，谷口人也。修道静默，世服其清高。成帝时元舅大将军王凤以礼聘之，遂不屈。扬雄盛称其德曰：谷口郑子真，耕于岩石之下，名震京师，冯翊人刻石祠之……』[13]

考《中国古今地名大辞典》：『谷口在泾阳县西北。汉置谷口县，东汉省。故城在今陕西礼泉县东北七十里。』[14]《元和志》：『汉谷口县在九嵕山东、仲山西、当泾水出山之处，故谓之谷口。』据上述记载，郑子真非褒谷人，明矣。郑子真隐居褒谷之说，显系附会之词。

褒谷中的『石虎』摩崖，传为郑子真手笔。对此，清人罗秀书就曾有过惑疑。罗氏云：『「石虎」虽有西汉郑子真名，然笔力远逊汉人；且书名之字，宛如宋人晏袤手笔，疑附会之耳。』[15]

按：郑子真隐居褒谷之说，始见于明嘉靖时张良知所撰的《汉中府志》，该书卷十，《古迹·褒城县钓鱼台》云：此台『与玉盆对，高广七尺许，汉隐士坐钓于此。』[16]所称汉隐士，即郑子真也。明万历时汉中知府崔应科亦有诗云：『游观褒谷寻贤豪，郑子当年在此韬，王凤权奸难币聘，江龙漱石比醇醪。功名富贵弗庸数，道德清真谁可挠？试想古今穷达客，将台岂似钓台高？』[17]此外，近年来，在褒谷口还发现了一通『西汉隐士郑子真故里』的石碑，基于上述诸因，在拙著《石门摩崖刻石研究》一书中，亦曾持郑子真隐于褒谷之说。读《三辅决录》郑氏小传后，疑窦骤生。《三辅决录》所记皆三辅人也。所谓三辅者，本雍州之地。汉中在三辅之外，郑氏隐居于褒谷，何以入此书呢？此疑一也；又冯翊人曾为郑氏立祠，冯翊亦在三辅之列，汉时置左冯翊，右扶风，后汉末置冯翊郡，治临晋，即今陕西大荔县。郑氏若隐于褒谷，纵有高名，亦不致冯翊人为之刻石立祠。此疑之二也。仅此二端，足以说明郑氏隐于褒谷之谬。既然如此，就应予澄清，否则以讹传讹，将继续贻误后世。

至于郑子真书『石虎』二字，并垂钓于褒谷，愚以为另当别论。郑氏作为高隐，或慕名到褒谷览胜，亦未可知。前人以为郑氏垂钓于褒谷并书『石虎』二字，亦未必无因。断然否定郑氏在褒谷中的游迹，亦非求实态度。

『石门十三品』的书刻艺术评介

『石门十三品』在书法实践中的地位

我们的祖国是一个多民族的国家，许多民族都有自己的语言文字，但作为中华民族统一的文字却是汉字。这是因为汉字是在我们中华民族的生息、繁衍中同步发展起来的。可以说汉字的历史和我们民族的历史是紧密融合在一起的。

早在我们中华民族发祥的初期，先民们就曾在陶器上刻画出一些象征具体事物的图形，其中有些图形就是最早的文字——陶文。后来，又在龟甲和兽骨上刻字，世人称其为甲骨文，大约在殷商时，就在实际生活中使用了这种文字。《易经》中说：『上古结绳以治，后世圣人易之以书契，百官以治，万民以察。』文字的使用大大加速了社会文明的进程。同时，随着文明的推进，文字本身也得到不断的改革和发展。记载中说，周宣王时史籀作大篆；秦始皇时丞相李斯作《仓颉篇》，车府令赵高作《爰历篇》，太史令胡毋敬作《博学篇》，以此统一六国文字，并初变古形改大篆为小篆，程邈又改小篆为隶书。秦始皇虽是个暴君，但在文字改革上却是一个促进派，李斯、赵高、胡毋敬都在他支持下进行了卓有成效的文字改革。程邈原为狱吏，曾得罪于始皇，被囚禁于云阳狱中，后因创隶书有功，被为御史，使隶书为之推广。西汉时萧何草律，规定『太史试学童，能讽书九千字以上，乃得为史，又以六体试之，课最者以为尚书御史史书令史。吏民上书，字或不正，辄举劾。』[18]元帝时黄门令史游作《急就篇》，成帝时将作大将李长作《元尚篇》，平帝元始中，征天下通小学者以百数，各令记字于庭中，扬雄取其有用者以作《训纂篇》。(见《汉书·艺文志》)东汉灵帝时，灵帝为正订五经文字，命蔡邕书册于碑，使工镌刻，立于太学门外，使天下咸取则焉。封建统治者通过这些措施，使汉字字形逐渐规范化，使汉字的书法艺术日益提高。各代致力于文字改革的杰出人物，既是文字学家，也是书法艺术家。不过，在汉以前还没有书法艺术家这个称谓，那时的书法包括在小学内，《汉书·艺文志》记有小学十家，所收之书，皆字书训诂之属。汉以后，书法艺术自立于学林之中，成为一门独立的学问。

作为后世的书法研究，历来有两条途径可循：一条是借鉴于数千年的文字史，另一条是凭借古人直接遗留下来的实物标本。随着考古发现的不断增多，这后一条途径越来越显示出其无可比拟的优越性。数以百计的石门摩崖，正是从这个角度，引起了国内外书法界的注目。

『石门十三品』中的十种汉魏石刻，为后世提供了汉魏时的书写和石刻的真迹；另有南宋晏袤、赵彦呐、安丙等之题刻。在书法艺术上，都有较高的造诣。日本著名书法家种谷扇舟先生，参观了『十三品』之后，在题词中写道：『汉中石门，日本之师。』国内也有不少书法家纷纷题词，赞誉『十三品』是『国之瑰宝』，称『十三品』陈列馆为『书法宝库』。在我国历史上，品评『十三品』的书法艺术，见于著录者不胜枚举。其中清人杨守敬，在赞颂《石门颂》的书法艺术时说：『其行笔真如野鹤闲鸥，飘飘欲仙，六朝疏秀一派皆从此出。』可见《石门颂》的书法艺术对后世有一种开导作用，这是不可忽视的。事实说明，『十三品』的书法艺术，不仅在于他们本身的造诣，更重要的还在于对后世的启迪。

说到这里，不妨讲一段古人学《兰亭序》的故事，来说明师法于古代石刻的重要。

王羲之的《兰亭序》，在书坛名声很高。其真迹传至唐太宗手中，被太宗视为稀世珍品，爱之尤甚。及至太宗去世，遵其遗命，将此物随葬昭陵。后来传世的各种《兰亭序》的刻本，都是唐人的临摹之作。即使是这些临摹之作，也是蜚声四方。唐宋以降，被推为至高无上的法帖，文人墨客竞相习练。据前人评论，学《兰亭序》者，为唐代颜真卿和五代的杨凝式较出色，其中好多大书法家，也未能把《兰亭序》学好。究其原因，乃在于只得其形，而未得其神。足见学《兰亭序》之不易。

究竟怎样才能把《兰亭序》学好呢？前人也有不少见解，其中最主要的一点，就是欲学《兰亭序》，必先学周、秦篆书和汉代隶书，这是羲之书的来源；还必须学六朝的楷书，因楷书是草书的底功。有了篆隶基础和楷书的功力，再去学《兰亭序》，就会取得较好的效果。清代包世臣有一段话讲得很深刻，他说：『余得南唐《画赞》枣版阁本，苦习十年，不得真解，乃求《琅琊台》(秦篆)、《郙阁颂》、《乙瑛》(汉隶)、《孔羡》(三国魏隶)、《般若经》(北齐楷)、《瘗鹤铭》(萧梁楷)、《爨龙颜》(刘宋楷)、《张猛龙》(北魏楷)诸碑，始悟其法。』[19]可叹人生能有几何，包氏以十年之岁月，方能悟出此理，诚足宝贵，亦堪为今日书坛之镜鉴。

通过学《兰亭序》这个故事，可以领会到在书法领域里法古的重要。而法古，则必以古之金石为楷模。以石门摩崖之洋洋大观，又幸存至今，为书坛法古提供了极为优越的条件。石门汉隶，之所以能『开六朝疏秀一派』之先河，是六朝人法古的结果。清代康有为最推重石门，他把古代著名的石刻分为六等：一曰神品，二曰妙品，三曰高品，四曰精品，五曰逸品，六曰能品。在神品中仅列三石，《石门铭》居其一；而一度名声显赫的南梁上皇山樵的《瘗鹤铭》才被列入妙品下。《瘗鹤铭》的书法着实可爱，相比之下《石门铭》更胜一筹，无怪乎近代书坛大师于右任是那样热衷于《石门铭》，他不仅白天临写，晚上沉思于枕席之间，竟至夜不成寐。近代还有几位出入于汉中的书法家，如王世镗、高道天、文伯子等，都对石门摩崖怀有深厚的感情，他们多次攀藤附葛，到石门故地瞻仰摩崖风姿，甚至还携带卧具，在石门隧道内与摩崖朝夕与共。他们生于浊世，怎能没有诸多烦恼之事？但一经为摩崖所陶醉，便俗虑一空。他们悉心领略石门摩崖的风韵，终于得其精髓，而在书法艺术上有所臻进。石门摩崖在书法艺术方面的推动作用，自可由这些事例中窥其一斑。

在古今书法实践的长河中，凡各代有影响、有造诣的书法作品，都有其对前代的继承性和对后世的开创性，这就叫作承前启后，继往开来。因此，任何成功的作品，都有其历史根源，从而显示出其深厚的内蕴。要达到这个境界，就得取法于古。石门摩崖之所以被历代书法家所推重，就是这个道理。在今天的书法实践中，石门摩崖将会放射出更加灿烂的光芒。

石门汉隶的书刻技艺管窥

石门汉隶的文字多属纪实之作，如《鄐君开通褒斜道》《石门颂》《杨淮表记》《李君表》《李苞通阁道题名》等，皆为记述古褒斜栈道通塞及其修治的重要文献；《石门》《玉盆》《衮雪》《石虎》等汉隶大字摩崖，又是描述褒谷山水形胜之妙笔。它们的产生，各有其因，总之，非勒石而不足达意。达意是目的，书写和刻石，是用以达意之手段。汉灵帝熹平四年(175)，诏诸儒正定《五经》(一说《六经》)，命蔡邕等书刊于碑，立于太学门外，谓之《熹平石经》。就其功用而言，当与石门汉隶有别。至于晋代二王父子和唐代以降颜、柳、欧阳、赵诸家，开一代书风，其书，刻碑版流传于市者颇多，被世人视为法帖而竞相临习。这类显扬书法的碑刻，与石门汉隶也迥然有异。石门汉隶在刻石前先要书丹，而书丹则是十分困难的事。以《石门颂》摩崖为例，此摩崖位于故石门隧道的西壁，隧道内阴暗潮湿，加之摩崖本身通高达二百六十一厘米，面宽达二百零五厘米，在这样宽博、高峻的崖面上书丹，必先搭架，书丹者登高操作，时而挺立，时而屈身，方能成其事，显然非位尊爵显者之所为。在《石门颂》中，仅说王升撰文，而未云书丹者何人。在正文后面有一段文字，谓『五官掾南郑赵邵字季南，属褒中晁汉疆字产伯，书左西域王戒字文宝主。』主者，承办也，可推知是这几个人负责办理书写刻石之事，具体由谁来书写亦未讲明。镌于桓帝延熹八年（165）的《西岳华山庙碑》中，有『京兆尹勒令都水掾霸陵杜迁市石，遣书佐新丰郭香察书』之句，洪适《隶释》云：『郭香察书者，察莅他人之书也。』今人启功先生则断定此碑之书者，即书佐郭香察其人也。此碑晚于《石门颂》十八年，可证时之书佐为书丹者。据此可推知，《石门颂》书者当是书佐王戒。至灵帝建宁五年(172)，镌于汉中略阳之《郙阁颂》摩崖，直署书者『故吏下辨仇绋字子长』之名，金石界皆以为此举开汉刻署书者名讳之先例，实际上这已是第二次了。石门汉隶中其余各汉刻，皆未见书丹者之名，可知汉时书丹者地位之低。可以断言，石门汉隶的多数书者，并非后世所惯称的名声显赫的书法大家，而是职位卑微的普通劳动者。正因为他们是普通劳动者，以其辛勤的劳动留下了汉魏文字的真迹，不事雕饰，朴素逼真，所有才能于普通中显示了极不普通的伟大精神。因此说，石门汉隶不仅具有较高的文献价值，而且在我国古代的书法艺术上，也占有重要的地位。

提到书法艺术，与前所述及的文字体势，当有不同的含义。体势是就文字演变的时代风貌而言的，如篆书多为圆转笔，并富有象形的特色。隶书则变圆转笔为方折笔，象形之势有所减弱。楷书有波磔，竖笔自上而下，横笔自左而右，出现了钩与角之类的笔画，转折笔多在右方，便于书写，字形也较规整。凡此，皆称为书之体势。书法艺术，既寓于体势之中，又与体势有别。《庄子·山木篇》云：『既雕既琢，复归于朴。』雕琢，即艺术加工，包括反复练习，使功力日臻纯熟、完善。朴者，本指自然面貌即天然之趣，在此却为工巧之极也。所以清代书论家刘熙载说：『学书者始由不工求工，继由工求不工，不工者，工之极也。』这个不工，就是朴之精微也。今人评书，又以正、奇为佳，正者，即功力之基本所在，包括结体、点画、神态，都要处处入格，这是一个由粗到精，由笨拙到精巧，由无法度到入规矩过程中所要达到的基本境界。奇者，乃在此基础上，突破陈规，而自成一格。历代书家难以计数，而观其书姿皆千人千面，不会是千篇一律的，就是这个道理。习书者须正、奇兼有，无正则不成其字，无奇则有失神韵。石门汉隶能够给人以美的感受，就在于书法艺术之魅力，这种魅力给人的感受比较抽象，而又十分真切，如果细加玩味，也可粗知其大端，今不揣浅陋，试就此陈述拙见于后：

一、古拙兼容，饶有意趣的《鄐君开通褒斜道》摩崖

此摩崖作为东汉早期的石刻文字，其通篇字画横平竖直，未见有波磔，耳部及竖钩皆呈弧状，宝盖两侧的下垂笔甚长，知其篆的遗韵甚浓；而其体态却是隶书，非篆书。诚如南宋晏袤释文所云：『隶法奇劲，古意有余，与建武中元二年（57）蜀郡太守《何君阁道碑》体势相若。……字画简古严整，观之使人起敬不暇。』清人刘熙载在《艺概》一书中，称其『字体长短广狭，参差不齐，天然古秀若石纹然。百代而下，无从摹拟，此之所谓神品。』清人罗秀书在《褒谷古迹辑略》一书中云：『其古横也如龙盘深壑而其麟角权杈。』凡此，虽词语不尽相同，但其要旨皆在一个『古』字上。古者，在此系指字的仪态似有古隶之遗风；加之其奇特的结体和章法，使其在汉隶中独树一帜。正如何应辉先生所云：『其最大的魅力在于空间构造的开张、宏阔和整体气势的博大而流动。就博大而言，实为西汉刻石所不能比拟。它的特殊，一是构字闳中肆外；二是长短广狭，参差错落，字间行间异常紧密，满幅而来；三是如此磅礴的架构，却是以极凝浑、质拙，一律瘦挺的笔画来完成。而且这一切都因石壁的自然状态就势而成……在整个汉代刻石中，此作堪称空间构成的奇观，并开此类书风之先河。』[20]此论甚佳，笔者亦然其说。细观此摩崖，其所在地的岩石，上下各有一径直的横向裂缝，书丹者以这两条裂缝为自然边际而分行布白，依随山势任情挥笔，山林野逸之气天然流露，而又蕴含着高度的技巧。试看，其通篇十六行，每行自上而下略向左倾斜，行间相邻诸字都明显错开，不是上下垂直。四行七字，与前二、三行的五字，首行的八字，虽字数不等，却首尾齐平；四行『二千六百九十人』七字中的『人』字左撇，嵌入五行『开通褒余（斜）道』五字中的『余道』二字之间，其参差错落之状，在汉隶刻石中实为罕见。再者，通篇的字间与行间十分紧凑，而字内的空间却比较充裕，字的结体横竖交错。取横式者，如『永平』二字；取竖式者，如『寺』『万』诸字；取方广者，如『司空』二字。一切顺其自然，而且前后贯通，气脉相连。这种结字和章法在法度森严的汉碑中可谓凤毛麟角。

总之，《鄐君开通褒斜道》摩崖以其特有的线质、结体、章法和气势的有机组合，而独放异彩。其可摹性较之其他为数众多的汉隶刻石要困难得多，所以杨守敬有『数百年来，无从摹拟』之叹，但也绝非不可跨越的禁区。近年来，曾见到日本小木良一、牛丸好一先生和国内周俊杰先生仿效《鄐君开通褒斜道》的作品，都比

较成功。特别是在书坛追求新奇和变化的时尚中，《鄐君开通褒斜道》必将赢得更多书家的青睐。

二、**隶法纯熟、斑斓多姿的《石门颂》摩崖**

东汉后期，特别是桓灵阶段，见于刻石的隶书，向『八分』转化已趋于成熟。诸如东汉建宁元年（168），立于山东汶山县的《衡方碑》，建宁二年(169)立于曲阜孔庙的《史晨碑》，中平二年（185）立于陕西合阳的《曹全碑》，中平三年(186)立于山东谷城（东阿县）的《张迁碑》等等。其书体皆为『八分』汉隶。其所在地多系中原和齐鲁一带。《石门颂》镌于东汉桓帝建和二年(148)，虽系远离中原幽居山野间的摩崖石刻，但观其隶法，亦俨然入『八分』之列。

关于『八分』，前贤论说虽多，但瑕瑜互见。如唐张怀瓘《书断》曰：『八分者，秦羽人王次仲所造也』。『八分已减小篆之半，隶又减八分之半。……故知隶不能生八分矣。』『或云「后汉亦有王次仲，为上谷太守，非上谷人」』。『又楷隶初制。大范几同，故后人惑之，学者务之，盖其岁深，渐若「八」字分散，又名之为八分』。宋代周越《古今法书苑》又称蔡文姬说『臣父造八分，割程隶八分取二分，割李篆二分取八分』。康有为《广艺舟双楫》卷二《分辨》一节，征引前人诸说而辨之曰：『秦篆变石鼓体，而得其八分。西汉人变秦篆长为扁体，亦得秦篆之八分。东汉又变西汉而增挑法，且极扁，又得西汉之八分。正书变东汉隶体而为方形圆笔，又得东汉之八分。八分以度言，本是活称，伸缩无施不可。』凡此种种，令人莫衷一是。

按：古今对隶书的理解与认定不尽相同，汉人所云的隶，往往指古隶而言。所谓古隶，似指早期的尚不规范的隶书。天地万物总是先有其实，而后有其名的。隶书亦不例外。一九七五年湖北省云梦县睡虎地出土的云梦秦简和一九八〇年四川省青川县城郊郝家坪秦墓出土的战国木牍，其文字已见隶之雏形。前者距今约二千二百四十余年，后者距今约二千三百余年。北魏郦道元《水经注·谷水》篇云：『临淄人发古冢，得铜棺，前和外隐起为隶字。言齐太公六世孙胡公之棺也。惟三字是古，余同今书。证知隶自出古，非始于秦。』此说虽遭唐张怀瓘之议驳，[21]但与今人考古发现是相合的。郦氏谓『隶自出古』，并非妄谈。也有论者谓隶源起于西周，其依据是隶的某些部首、偏旁乃至笔画早已见之于西周金文。细审之，亦不无道理。笔者亦曾检视距今二千四百余年的《侯马盟书》，其五千余件玉石片所载的盟誓辞文，虽系春秋时的大篆，但也有诸多隶的踪迹。凡此，足以说明，早在金文大篆流行之际，隶书便已萌生。只是当时尚无隶书之名，只可视为篆隶之间的过渡书体。至秦代才有隶书这一称谓。许慎《说文》云：『……秦烧经书，涤荡旧典，大发吏卒，兴役戍，官狱职务繁，初为隶书，以趋约易』。《汉书·艺文志》也说：『是时始造隶书矣，起于官狱多事，苟趋省易，施之徒隶也。』颜师古《汉书》注也以为隶书系程邈所献，主于徒隶，从简易也。凡此可证，秦时隶书不仅有其名，且已步入实用阶段。西汉时，隶书以其使用方便，继续得以发展，至东汉日渐成熟。从隶书的形成及其形态而辩之，说隶直承于小篆，是不能令人信服的。前人因无缘得见近世的有关资料，论说中难免有随意揣度之词，以致与书史有悖。早期的隶书，经过长时的嬗变而成『八分』，见于石刻者，已是东汉晚期。所以宋人洪迈以晚汉之隶书为八分，似与书史相合。清人包世臣进而论之曰：『凡笔近篆体近真者，皆隶书也。中郎变隶而作八分。八，背也，言其势左右分布相背然也。』此论可谓入木三分。概而言之，所谓『八分』，系指东汉晚期见于石刻隶书的共有势态。其包容甚宽，既有中原和齐鲁一带的汉碑，也有远离两汉京师的山野间的摩崖。前者以法度森严称奇，后者以纵放不羁的野逸之趣博得士人之推重。《石门颂》即属于后者。

说《石门颂》的书体是『八分』，仅言及其与同类书体之共性，而《石门颂》的魅力还在于它与众不同的个性。对此，诸家宏论多指向其隶草特色。如康有为《广艺舟双楫》谓：『《杨孟文碑》劲挺有姿，与《鄐君开通褒斜道》疏密不齐，皆具深趣。碑中年字（当是命字，非年字。——笔者注）、升字、诵字垂笔甚长，与《李孟初碑》年字同法。……隶中之草也。』今人范韧庵、李志贤《书法辞典》亦谓『《石门颂》素有隶中草书之称』。日本著名汉学家兼书法家中田勇次郎先生一行多人，于一九八五年春来汉中，在他游石门题诗中有『蜀道摩崖隶草奇』之名句，诗中的『隶草奇』，自然包括《石门颂》在内。

考『隶草』之称，肇自东汉赵壹《非草书》一文，该文云：『盖秦之末，刑峻网密，官书烦冗，战攻并作，军书交驰，羽檄纷飞，故为隶草，趣急速耳，示简易之指，非圣人之业也。』[22]这里的隶草，系指章草而言，与上述之隶草有别。上述隶草之说，主要源于『命』『升』『诵』三字的垂笔之长。是否如此？自应予以考究。

试想《石门颂》全文六百余字，何以只将『命』『升』『诵』三字的垂笔拉得很长？盖此三字在书者心目中，有一种极为神圣的特定涵义。『高祖受命』，象征着天意。《尚书·诏告》『惟王受命』，孔氏传曰：『所以戒成王，天改殷向惟王受之。』所谓『高祖受命』，即指汉高祖刘邦受命于天，或者秉承天意，与下句『兴于汉中』相衔接，言发迹于汉中而定天下。这个『命』字自然关系重大。书者预先将命字安排到石理剥裂处，书写时将其垂笔拉长至二格许，恰填其空。这一垂笔不仅破格的长，而且笔力十分厚重，意味着强大的汉王朝久远不息也。以此理推之，『世世叹诵』的『诵』，其垂笔之长，预示后辈对前辈杨孟文其人（汉顺帝时的司隶校尉）的功德长诵不已也。而『王升』的『升』字，其垂笔之长，既表露书者对顶头上司汉中太守王升的崇敬，又隐寓太守官位的升迁。值得注意的是，在《石门颂》后文中，另有『赵诵字公梁』之『诵』，这一『诵』字的垂笔却未见拉长，可证前一『诵』字的垂笔之长，并非随意而为。总之，『命』『升』『诵』三字垂笔之长，原系书者以形寓意、随事喻旨之情在笔下的流露，当属书外之因。正如翁方纲《两汉金石记》所云：『命字垂笔有长过一二寸者，盖指此《颂》也。然此处特因石理剥裂不可接书而垂下耳，非可以律隶法也。』翁氏之言，甚为中肯。其『非可以律隶法』之说，尤有深义。我国近代金石学家罗振玉也以为，临《石门颂》宜『芟薙恣肆草率，存其宽博安雅，增其书卷之气。』[23]看来，就隶法和美学而言，『命』『升』『诵』三字垂笔之长，未必宜也；而书者的书外之因和章法上的巧意安排，却是应予肯定的。

其实，《石门颂》的篆情草意都是有的。其笔画保持涩逆之势，以瘦劲、凝练、灵动，富有活力而称奇；宝盖两侧的下垂笔较长，竖钩呈弧状，多种类型的点，皆呈平或斜的线状，此乃篆之余韵。大凡汉隶，皆以篆笔而成，《石门颂》自不例外。书坛对此已有共识，唯对草情的理解，若仅局限于『命』『升』『诵』三字垂笔之长，则似有肤浅之嫌。

就《石门颂》的整体而言，其隶草特色还是有的，主要表现在以下方面：

其一，《石门颂》镌于石门隧道西壁，其表面并不像一般石碑那样光平，好在书者很善于因地制宜地施展技法，使其通篇疏密相间，且字形大小参差不齐，虽有别开生面的野逸之趣，但比之流行汉碑，未免有某种草意。所以，在科举制度盛行之时，士人并不钟情于《石门颂》。近世，它备受书坛青睐，因其固有魅力使然。

其二，《石门颂》本属摩崖，却又与常见的摩崖不同。一般常见的摩崖，分布于崖壁之间，书丹者上下左右尚无限制。而《石门颂》位于隧道之内，由于隧道内壁呈拱形，使其表面有弧状，特别是『故司隶校尉楗为杨君颂』十字之题额，恰在上方的部位，弧状尤甚，其字径虽比正文大了许多，而笔画反比正文纤细。可以想见，书者在书丹时，因受隧道顶部的限制，必然身体后仰，尽力扬臂向上，毫端所及，自然非同寻常。此题额十字之纤细，虽无伤大雅，但这一反常之势态，岂非又呈现出某种草意？

其三，《石门颂》中，有些字的运笔就有行书意味，如『途路涩难』之『路』字，『故司隶校尉』之『故』字，『魏整字伯玉』之『整』字，此三字右偏旁的『夊』，皆系今之行书『文』；又如『绥亿衙疆』之『衙』字中间上部的『五』，写作『𠄡』，『政与乾通』之『乾』的右上部『𠂉』，写作『乙』。这些笔画颇有地道之草意。可以说以行书的部分笔画入隶，《石门颂》堪为嚆矢。

平心而论，《石门颂》的魅力，并不限于其隶草特色。在此不妨举例如下：

例一，《石门颂》中，同一字时常二次或多次出现，而书者以其娴熟之技法使其容貌各别。如九个『君』字、六个『道』字、八个『字』字、五个『安』字、四个『汉』字等相同之字（见图一至图五），但在用笔和结体方面，或多或少都有一定的差别。尽管相同之字达五字、六字、七字、八字、九字之多，也绝无例外。而且同一部首的多字，如六个『道』字和两个『遣』字的八个『辶』部，写法和意趣各别；八个『字』字和两个『守』字的十个『宀』部，其两侧的下垂笔长短各异且各具篆意，上面的点，或正、或欹、或直、或弯、或断、或连，其间总有一些细微的差别，没有绝对相同的点。此乃功力使然，毫无半点虚假。大凡著名的汉碑皆不乏重字异写之先例，但比之《石门颂》却有逊色。

例二，《石门颂》中的主横笔最具风采，如『章』『卓』『安』『上』『其』『乍』『者』『毒』『晏』『而』『平』『升』，十二字（实际还有很多，见图六）。不难看出其横笔的奥妙。同是落笔的上挑，而相互有别，同为横笔的波势，而各呈其姿。善隶者，常称这一横笔为主笔，多刻意着力于此，致使其模式化，难免入俗。似《石门颂》这般意态相宜又脱尘出俗，却实属难得。

例三，《石门颂》中的多数字，结体宽博，点画匀称，丰润，笔力遒劲，意到笔到，显得黑白分明，天清气朗。另有少数字，字形较小，而字势毫不逊色。如『五官掾南郑赵邵字季南，属褒中……』等字，此属《石门颂》正文之后叙说承办者职衔、姓名的一段文字，因承办者系太守下属人员，故比正文低二格，且字形亦略小。汉《西狭颂》摩崖正文后的《题名》，也作如上之处理，此乃时俗使然。

例四，《石门颂》中，虽不乏笔画稠密的繁体字，但就多数字而言，似有力求简约之趋势，如『茵』『德』『宁』『继』『毒』等十二字（见图七）。从中不难窥见汉人去繁就简的风尚。值得注意的是，在其他汉刻中，亦有类似情况出现。如《西狭颂》摩崖，也有许多简笔字。这些简笔字，肯定是时之流行字，书者基于达意之宗旨，不假思索，信手而书。笔画虽减省，但无空疏之感，仍不失中和之美。

上述诸例归结起来，似可说明，《石门颂》这方摩崖，无论在用笔、结体、章法乃至用字等方面，都是富于变化的，而这种变化全凭书者才情技艺的瞬间表露，就像艺术家、文学家、诗人的灵感那样，是难能可贵的。无怪乎清人王昶《金石萃编》称：『是刻（指《石门颂》）书体劲挺有姿，……推为汉人杰作。』杨守敬《评碑记》云：『其行笔真如野鹤闲鸥，飘飘欲仙，六朝疏秀一派皆从此出。』张祖翼跋曰：『三百年来习汉碑者不知凡几，竟无人学《石门颂》者，盖其雄厚奔放之气，胆怯者不敢学，力弱者不能学也。』类似评说甚多，或有过誉之辞，而《石门颂》的魅力，却是诸家认同的。

鉴于《石门颂》的魅力，自然想到它的作者。汉隶见之于石刻者，多不署书、刻者之名，此乃时风使然。今人虽不胜惋惜，但也无可奈何。好在《石门颂》正文之后的一段款文云：『五官掾南郑赵邵字季南，属褒中晁汉强字产伯，书佐西城王戒字文宝主。』『主』者，掌管或主持之意。《孟子·万章上》：『使之主事而事治，百姓安之。』堪为其例。在此指负责操办刻石之事。『五官掾』与『属』，皆太守翼辅之官。杜佑《通典》卷三三、《职官十五》云：『五官掾，后汉有之，署功曹及诸曹事。』《后汉书·独行列传》记曰：『谅辅字汉儒，广汉新都人也。仕郡为五官掾。时夏大旱，太守自出祈祷山川，连日而无所降。辅乃自暴庭中，慷慨咒曰：「辅为股肱，不能进谏纳忠，……至令天地否隔，万物焦枯，……辅今敢自祈请，若至日中不雨，乞以身塞无状。」于是积薪柴聚茭茅以自环，构火其傍，将自焚焉。未及日中时，而云晦合，须臾澍雨，一郡沾润。』由这一事例中，不难窥见五官掾之职在府署中的地位。书佐，乃汉代郡县各曹的书吏，专司缮写文书事宜。在《石门颂》中，书佐王戒其人，能与五官掾、属共同操办刻石之事，当有其因。就各人职能而言，五官掾赵邵，以其职权之广，必为统领其事者。属晁汉强其人，作为属吏，是听命于五官掾的，即遵照五官掾的部署，承办有关刻石的具体事务。书佐王戒，以其善书之故，书丹者，则非他莫属。而且，东汉桓帝延熹八年(166)的《西岳华山庙碑》有云：『京兆尹勒令都水掾霸陵杜迁市石，遣书佐新丰郭香察书。』唐徐浩《古迹记》以为『郭香察书』者，即郭香察莅他人之书也。宋洪适《隶释》、清顾炎武《金石文字记》、顾南原《隶辨》以及翁方纲《两汉金石记》等，皆从此说。至明郭宗昌《金石史》及赵崡《石墨镌华》始有疑焉。今人启功先生则直接断言，书者即书佐郭香查其人也。[24] 此论甚妥。据此，亦可认定，王戒当是《石门颂》的书者。在汉中府署为数众多的书佐中，王戒能被遴选为《石门颂》的书丹者，其书艺之超群是显而易见的。而王戒如何完成这一庄严的使命，则鲜为人知。

这里不妨追溯一下汉人的书写习惯。据南朝齐人王僧虔《论书》所云：『伯喈（蔡邕）非流纨体素，不妄下笔。』[25] 所谓『流纨体素』，即指洁白光滑的绢帛也。此为蔡邕所使用的书写材料，而且非此『不妄下笔』。蔡邕出身士族，少博学，好辞章、数术、天文，妙操音律，且工书，隶尤精。灵帝建宁三年（170），召拜郎中，校书东观，迁议郎。《后汉书·百官志二》：『议郎，六百石……掌顾问应对，无常事，唯诏令所使。』据此可知，议郎的品秩虽不高，但在天子左右，时可面君。建宁四年（171），蔡邕以经籍去圣久远，文字多谬等情，会同堂溪典、杨赐等人，奏求正定《六经》（实为《五经》）文字。灵帝许之，邕乃自书（丹）于碑，使工镌刻于太学门外。可以想见他书写《经》文，必然命人先将碑面磨平；在书写中，又将石碑放置在最佳部位，且随时予以调整，以保持良好的书写势态。而这一切，《石门颂》的书者是无从享有的。《石门颂》摩崖位于石门隧道西壁，而隧道内的崖壁是固定的，不可能像书写石碑那样，随意调整其高低及倾斜度。书写者在书写过程中，或立或蹲，或俯或仰，要不断变换身态，而且要凌空操作。这一切，与其说是书写，倒不如说是从事笨重而危险的苦役。面对此役，且不说像汉时蔡邕之辈的士大夫阶层，就连时下稍有名气的书法家，也鲜有乐于一试者。汉人王戒，毅然担当此任，一则受其上司王升的差遣，不容推却；二则以其工书之故，为《石门颂》摩崖的书丹，非他莫属。归根结蒂，他是以善写为职能的普通劳动者。他在平凡的劳动中，创造了辉煌的业绩。

《石门颂》正文首行第一字『惟』字右下方，另有一个『惟』字，字形稍小，二者的结体、笔势如一，损蚀程度皆同。初不知其用，久经琢磨，始知此系供试刻之字。汉人书、刻之勤谨，于此可窥其一斑。至于《石门颂》刻石者为何人？仅据现有资料，是无从得知的。《石门颂》的文字，多出于涩笔，其抑扬顿挫，跃然于石刻之上，没有精良的刻工是难以想象的。北宋书画家米芾之所以贬抑石刻，是因为勒石之后变了原形，可见宋时刻技之不良。观近世刻工，更难达到不走原样的境地。汉代是我国刻石隆盛之时，刻工之技法，必得适应社会的需求。就石门汉隶刻石而言，观者但知点画，却很少见到近世刻石中的刀痕味，这正是其成功所在。今天，石门汉隶给人以书法艺术的美的感受，应该说书者和刻者同样付出了宝贵的劳动，这是汉代书者和刻者共同的艺术结晶。

三、石门汉隶的又一奇葩——《杨淮、杨弼表记》

东汉熹平二年(173)，镌于古石门隧道西壁。原刻无题，《金石萃编》据文字内容称其为《司隶校尉杨淮表记》，且援引《涵真阁汉碑文字跋》云：『字体与《石门颂》仿佛，而疏荡过之。』清方朔《枕经堂金石书画题跋》云：『《石门颂》刻于建和二年，此为熹平二年，其间相距二十有六年。书法朴茂如一，而古拙疏逸更胜。』康有为《广艺舟双楫》称其『润泽如玉，出于《石门颂》，而又与《石经·论语》近，但疏荡过之，或出中郎之笔。真书《爨龙颜》《灵庙碑阴》《晖福寺》所祖也』。

《杨淮、杨弼表记》通篇文字以篆笔而成，笔画瘦劲、凝练、灵动，此与《石门颂》如出一辙。说它『出于《石门颂》』，或『字体与《石门颂》仿佛』，皆信然也。说它『与《石经·论语》近，……或出中郎之笔』，似有不妥。且不说《石经·论语》尚比《杨淮、杨弼表记》晚一年，前者如何效仿后者。单就二者的势态而言，前者一任自然，纵放不羁；后者泥于成规，谨守法度。两相比较，判然有别。

其实，说《杨淮、杨弼表记》出于《石门颂》，仅限于用笔之近似，而其章法和结体，却与《石门颂》有较大的区别。

先说章法。《石门颂》正文二十二行，每行三十、三十一字不等，虽横列略有错位，但竖行基本端直。而《杨淮、杨弼表记》正文共七行，每行二十四、二十五、二十六字不等，六行仅十五字，其下的空间被五行和七行侵占。一至五行向左倾斜，七行向右倾斜，形成上宽下窄的楔形格局。这种反常的排列，殊实少见。

再说结体。《石门颂》字形较开张宽博，笔画拓展中，有放有收，收放得体。同一字多处出现，却写法不一，而又不失规矩；细微处，时见巧意。《杨淮、杨弼表记》通篇文字大小不一，字形或纵、或横，或正、或敧，各随其便。凡左右结构者，或左高右低，或左正右斜，或左右拉开，皆突破常法，不刻意于巧，而着力于拙，不求规整之华，尽显古朴之态，以其有新意，而博得诸家盛赞。

客观地讲，《杨淮、杨弼表记》的拙，未必无巧；《石门颂》的巧，亦未必无拙。二者笔法之凝练，已入佳境，乃功力使然，倘无此功力，为标新立异，一味矫揉造作，则适得其反。在书法实践中，创新是永恒的主题。《杨淮、杨弼表记》以其章法和结字之奇而有新意，在鉴赏之余，尤应省其得失，如一字的左右两部拉得过开，未必宜也。

四、简古质朴的《李君表》

此摩崖字迹残缺、漫漶殊甚。诸家称谓不一，如冯云鹏《石索》称《汉永寿石门残刻》，陆绍文《金石续编》和陆增祥《八琼室金石补正》均称《右扶风丞李君通阁道记》，罗秀书、万方田、徐廷钰合著《褒谷古迹辑略》称《李君表》。之所以如此，是因为原刻涉及人名的某些字难辨之故。如《石索》所录：『李君讳雪字季杢』，《金石续编》作『李君讳寿字季休』，《八琼室金石补正》又作『李君讳禹字季杢』。由于这几字的刻痕与泐痕交错，又无相关史实可参证，因此，李某之名讳难以确知。尽管曾有释家再三着力于此，连篇累牍，竞相著录，虽洋洋万言，而最终无济于事。倒是《褒谷古迹辑略》所称《李君表》者，较为适宜。今从之。

此摩崖文字共七行，每行十至十三字不等，大小、疏密、正敧皆较随意，似不经意而为之。字形较开张，蕴含石门汉隶之古风，不刻意追求规整、端庄之华，以洒脱、自然、朴茂称奇。

五、气势磅礴、妙趣横生的汉隶榜书

《石门》《石虎》《玉盆》《衮雪》四方榜书摩崖，皆未署刻石年月，然自古迄今，皆被断为东汉刻石。考其缘由，有下述诸多因素：

其一，地域因素。《石门》二字榜书，镌于石门隧道北口之西壁，与《石门颂》在同一崖面上，且彼此近在咫尺。《石门颂》云：『至于永平，其有四年，诏书开斜，凿通石门。』意即永平四年（61），汉明帝诏令，开通褒斜道，并凿通此道所穿过的一段隧道。当时，尚无隧道之名，诏书中称其为『石门』。此二字榜书，即源于明帝之诏书，是为隧道命名的，其所在地当为明证。须知隧道两壁，继《石门颂》之后，题刻几满，而『石门』二字，以其捷足先登，才会占据优越之部位。

《石虎》在石门对面的石虎峰下，此峰因形似虎而有其名。

《玉盆》在石门南三里许的河中巨石上。此石洁白似玉，中凹如盆，故有其名。

《衮雪》在石门东南二十五米处的河中巨石上，其地水流湍急，波浪翻滚如雪。此二字系喻景之妙笔。

其二，历史因素。上述四方榜书摩崖，都有相应的历史依据。前无先例的石门隧道开凿之后，遵照汉明帝诏书，镌『石门』二字榜书为其命名，《石门颂》足以为证。《石虎》二字传为西汉隐士郑子真所书，郑氏为谷口（泾河之口）县人，虽原籍不在汉中，但游于汉中褒谷，亦在常理之中。石门南的『隐士钓台』，传为郑氏垂钓处，即郑氏在褒谷之游迹。『玉盆』二字，自右至左横列，传为张良所书。公元前二〇六年，张良辞归韩，汉王刘邦送至褒谷。良建议烧栈道，以迷惑项羽。刘邦许之，遂烧其所过之栈道。张良在此过程中，曾见玉盆胜迹，乃即兴题书。此虽系口碑所传，但传之有因。建安二十四年（219），曹操闻知夏侯渊被刘备部将黄忠斩于定军山，自率大军自褒斜道进临汉中，企图与刘备决一雌雄。刘备早已料定曹军必来，事先把守要口，稳定阵脚。曹军供给困难，力求速战速决。刘备却敛兵依险，以逸待劳，伺机而战，而且遣赵云率精兵，窃取了曹军粮草。曹操在进取无望、军士几乎断炊的景况下，不得不作退军打算，而这时沿沔、略一线的故道，已被刘备占领，褒斜道是唯一的退路。曹操的大本营就在褒谷口附近，他有机会观赏褒谷风物。他看到石门附近的褒水之中，因石多浪激而翻滚如雪，正与他当时的心情合拍，遂即兴书写『衮雪』二字以状景抒怀。现被陈列于汉台的《衮雪》刻石，即为当时故物。

其三，书法因素。上述四方榜书摩崖，其体势的时代特色昭然若揭。如『石门』二字榜书，与《石门颂》中的小字『石门』十分相似，这不是简单的类同，而是作为汉隶的相互印证。《石虎》二字中的『虎』字，虽篆意甚浓，但整体上仍是隶书；『石』字与『石门』二字中的『石』字基本无异，同为汉隶无疑。横列的『玉盆』二字榜书，临近水面，久经冲蚀，已模糊不清，此即岁月之标志；况此二字残存之隐痕，仍可察觉，其势态非汉隶莫属。在其上方，有南宋人竖写的小字『玉盆』，两相比较，泾渭分明。『衮雪』二字中『衮』字下部左撇，楷意甚明，通体仍是隶书；『雪』字上部作『[illegible]』，源于《石门颂》中『灵』字的『[illegible]』头。所以此二字当为汉代晚期的隶书。传为曹操手笔，不仅有史实可依，而且曹操书、文兼擅，说之成理。

六、魏书精品《石门铭》

北魏永平二年（509），镌于汉中褒谷石门隧道东壁的《石门铭》，记石门通塞及褒斜道变迁之事，是一篇颇有权威的历史文献，又富于文采，不失为文学佳作，其书法技艺也达到了完美的境界，被誉为『不食人间烟火的仙品』，这里着重介绍其书法艺术。

汉字是华夏族多数人群记录和传达语言的符号，人际间赖以互通信息、交流经验，进而可以推动和加速文明进程。基于其实用性，一直进行着有规可循、不断简化的自身变革。由甲骨文到金文、大篆、小篆，再到隶书，即为这一变革的历程。隶书的产生，开启了方块字的先河。而隶书仍要继续变革，其趋向是草化和楷化。所谓草化，即西汉元帝时，黄门令史游所书的《急就章》，人称其为章草。所谓楷化，即减少波势，起笔、落笔也不必严守蚕头燕尾之法度。这是隶书演变的主流。大概至汉末到三国、两晋、南北朝，楷书便日渐成熟。今所见的北魏石刻，大体皆为楷之风范。

北魏人作书，惯用涩笔，虽楷势初备，但隶法犹存。这种楷书气势浑厚、俊逸、豪放，笔势生动，人称魏体，以别于后世之楷书。

北魏刻石，向以龙门的北魏造像题刻最为知名，有《始平公》《孙秋生》《杨大眼》《魏灵藏》诸造像，谓之『龙门四品』，后又增至『二十品』，大抵学北碑者皆从此入手。另有散存各地的北魏墓志，各具风姿，亦为学书者所仰慕，著名者如《司马升墓志铭》《司马景和妻墓志铭》《张黑女墓志》《崔敬邕墓志》，还有云峰山郑道昭诸摩崖刻字等。《石门铭》因长时隐于幽谷之中，在北魏刻石名噪之际却鲜为人知。

其实，北魏刻石之名噪，也有一个较为复杂的过程。我国古代，特别是在唐宋之际，论书者只重名人手迹及其法帖，而轻视历代之碑刻。后因法帖辗转翻刻，反不如碑帖之存真，故在宋代以后，碑刻逐渐为书家所重。先是龙门造像题记，为书家所瞩目，后来发现山东云峰山诸石刻，被清嘉道间包世臣、张琦、刘熙载等书家极力推重。待光绪时，康有为力陈法帖之弊，在其《广艺舟双楫》中发论曰：『大纸寿不过千年，流及国朝（清代），则不独六朝遗墨不复睹，即唐人钩本已等凤毛矣！故今人流传诸帖，无论何家，无论何帖，大抵宋明人重钩屡翻之本，名虽羲、献，面目全非，精神尤不待论。譬如子、孙、曾、玄，虽出自某人，而体貌则别。』此论为尊碑抑帖又起了推波助澜之作用。近世，碑学风起，魏碑以其书势深厚而得宠于时，于是学魏碑者遍布各方。在魏碑受到空前重视的情况下，《石门铭》的声名应运而生。近代书法家于右任、王鲁生、文成郁都师法于《石门铭》，卓然自成一家，于右任在其《右仁墨迹》中说：『朝临石门铭，暮写二十品，辛苦集为联，夜夜泪湿枕。』可见《石门铭》在书家心目中之地位。

细观《石门铭》之书艺，有几个不同于其他魏碑的显著特色：

其一，《石门铭》的书风与石门汉隶有不可分割的承接关系。《石门铭》中，『石门』二字，已与《石门颂》中『石门』二字不同，此为体变之自然趋势，否则，隶与楷何以有别？但《石门铭》之楷法，有很多隶的痕迹，而这种痕迹是源于石门汉隶的。试看《石门铭》中『思埒班尔』的『埒』字右偏旁的竖钩笔与《石门颂》中的『宁』字、『司』字的竖钩何其相似。《石门铭》中『往』『后』二字与《石门颂》中『循』字的左偏旁『彳』类同；《石门铭》中『哲』字上部左偏旁与《石门颂》中『推』字左偏旁『扌』，颇为相似。《石门铭》中『乇』『尧』『[illegible]』诸字，皆有篆意，而『[illegible]』字用笔又酷似汉隶大字『石虎』的『[illegible]』字。此外，《石门铭》中的『实』字与《石门颂》中的『毒』字，都沿用了以斜为正的手法。凡此，皆说明《石门铭》之仪态，有较多石门汉隶踪影。《石门铭》的书者王远，虽祖籍山西太原，但随北魏的军队驻守汉中，书丹时已在汉中度过了五个春秋，在这五年中，他有足够的时间研习汉隶，加之《石门铭》就镌刻于石门隧道内壁，恰在《石门颂》《杨淮、杨弼表记》《右扶风丞李君通阁道》等汉隶石刻的对面，王远受汉隶之熏陶，难免在书丹时有所流露，亦属自然之理。

其二，《石门铭》以圆笔入楷，不似龙门之用方笔。所谓方笔、圆笔，系指行笔的起落之势。起落截然如刀切者，谓之方笔；呈浑圆状者，谓之圆笔。方笔气势刚健、庄重、威严，圆笔意态自如、秀逸、纯朴。《石门铭》之为圆笔者，以其远离朝廷而得野逸之趣；同时，也受到石门汉隶以圆笔成字的影响。就笔势而论，《石门铭》的点画沉着有力，起、落、中转都富于力度，涩笔之意味处处可见；而龙门之方笔魏碑，运笔流畅，施力点多在起落两端，点画比较光滑、平顺。涩笔直承于隶，顺笔俨然为楷。《石门铭》较之龙门诸魏碑，虽楷势皆备，但隶之形影则有过之。《石门铭》镌于宣武帝（元恪）永平二年(509)，龙门魏碑中最早的如《尉迟氏造弥勒像记》，镌于孝文帝（元宏）太和十九年(495)，较《石门铭》早十四年，其余多在宣武帝景明、正始时所镌(龙门诸碑中有纪年的)，可以说与《石门铭》相差不远。作为时代特色，二者理应相同，作为地方特点，二者又有一定的差别，而这一差别的根子，还在于石门汉隶对《石门铭》的书者王远的影响。

其三，《石门铭》是上承篆隶之宗法，下开行草之先河。虽然行草并不始于北魏，但魏碑中的行草对历代书法的影响是不可低估的。因此，历史地看，《石门铭》既是由隶变楷的实证，又是楷书向行草转化之先声。在我国汉字沿革中，是很有意义的。

在论及《石门铭》的书法艺术时，绝不可忽视雕刻的艺术。刻者武阿仁，直署其名，在十三品中，仅见于此。他祖籍河南洛阳，是否客居汉中，或是应邀而来，不得而知。他善刻，大概是不成问题的。《石门铭》以富于笔味而见长，仅此一点，便是刻工之绝妙所在。须知笔味是随行笔的转折、收放、偃仰、向背而形成的，笔沉字画则深，笔轻字画则浅，深则粗，浅则细。因此，每一笔画都不规整，尤其是涩笔，给人以顿挫之感。这样的效果，能见之于石刻，非极高之工艺，是难以成其事的。何况镌刻《石门铭》的石质是比较纯净的石英岩，SiO_2含量在百分之九十九以上，硬度十至十三，其崖面在石门的东壁，开凿石门时，由人工破石而成，并未经过修整和琢磨，不仅高低不平，且有豁口和裂纹。这对刻石造成了极端的困难，刻工能以神斧之工，造此奇迹，就是在今天，也是难以想象的。

人们在欣赏《石门铭》时，沉醉于书法艺术的品评之中，以至于忘却了眼前的石刻实体。这种忘却，不是疏忽，而是观者主观世界所进入的微妙境界，这种境界正是书者和刻者的高超技艺所形成的。

七、晏袤及其隶书评介

晏袤，山东临淄人，南宋绍熙和庆元年间（1190—1200）客居南郑，任南郑县令。晏袤在任期间，对引水灌田的山河堰颇为关切。宋时褒水又名山河水，拦截褒水的水利设施，即称山河堰。相传此堰肇自汉丞相萧何，后为曹参所落成，因又名萧何堰或萧曹堰。历代增损无定，屡废屡修。此堰关乎人民之生计，致使县令晏袤曾数至褒谷查看，倘有损坏，辄予维修。镌于褒谷中的石门石刻，就是在晏袤视堰过程中同他结下了不解之缘。

晏袤不仅忠于职守，而且对我国的古代文化有深厚的感情和较高的鉴赏水平。晏袤还有考古的雅兴，且善文工书，每遇古物，尝考其原委。钩深致远，发前人之所未发。褒谷中列入『石门十三品』的三种南宋石刻，就是晏袤撰文并书写后勒石的。

镌刻于褒谷中的宋代石刻，计有三十余种，唯独晏袤所书的三种石刻文字被列入『十三品』内，若非出类拔萃，则不会有此幸遇的。晏袤素有书名，其隶书势态生动，风韵十足。列入十三品内的三种晏袤手迹显然是以书法见称于世的。

唐宋以降，见之于石刻的文字多为楷书，间或题额用篆，而石门所在地及其南北山崖间的三十多种宋代摩崖，绝大多数皆为隶书，这可能与石门汉隶的影响有关。晏袤之隶书，自然也不例外。

我国的文字发展到宋代，继承前代之真、草、隶、篆，诸本皆备。在书法艺术上，注重帖学。宋太宗赵光义令王著以枣木翻刻《淳化秘阁法帖》，分赐王公大臣，士大夫也多以师法前人之法帖为习书之道。加之宋朝的科举考试中，常以书法取士，凡朝廷和主考官所喜爱之字，应试者皆投其所好，竞相习练。如此者久之，古法渐被冷落，书法艺术因失根本，一度裹足不前。面对现实，有志之士，如欧阳修、赵明诚、洪适等，大兴碑学，凭借金石而弘扬古法。虽欧阳、赵、洪之建树并不单纯在书法上，但足可匡补时俗给书法艺术所带来的损害。宋代后期，在金石学兴起的影响下，书法艺术的局面日益改观，晏袤的隶书，便是一个很好的例证。

宋代的隶书，虽其使用价值相应减少，但作为书法艺术，仍不失为书坛奇葩。唯因时俗之不同，与直承于汉的隶书有别。汉人但知有篆不曾习楷，汉隶中多以篆笔成字，而楷意淡薄。宋人习以为楷，作隶时难免以楷法入隶。宋隶与楷书之区别，多在横笔的写法不同。隶之横笔长而有波势，楷的横笔短而平直。特别是横笔中的主笔，书隶时最为要紧，此笔之成，隶势骤起，此笔之败，全字黯然，甚而导致全局皆败。此法传之后世，尤为今人所宗。晏袤的隶书，在宋隶中别具一格，其显著特色是汉隶的痕迹较重。如其《晏袤释鄐君开通褒斜道》摩崖释文中，首行『守』『君』『桥』三字，七行『功』字与其《晏袤释潘宗伯、韩仲元、李苞通阁道》三行中的『此』字，以及《山河堰落成记》五行的『为』字，均师承于《石门颂》，不仅字形与《石门颂》中的这几字相似，就连笔画也颇为类同。我国的隶书是以汉隶为正宗的，晏袤正因为能得汉隶之神髓而使其书意臻于完美。

晏袤隶书的另一特色是富于笔姿，同一字，好用多种写法。如『四』字，在其《晏袤释潘宗伯、韩仲元、李苞通阁道》之第三行为『[illegible]』，在《山河堰落成记》第二行又书为『[illegible]』；又如『二』字，先后书为『弍』（见《山河堰落成记》六行）和『[illegible]』（见《晏袤释鄐君通阁道》）。在追求书姿时，尤喜用多笔字，如《鄐君通阁道释文》四行的『[illegible]』字，今为『法』字，六行的『[illegible]』字，今为『散』字，七行的『[illegible]』字，今为『则』字；又如《晏袤释潘宗伯、韩仲元、李苞通阁道》八行的『[illegible]』，今为『魏』字，十行的『[illegible]』字，今为『无』字。这说明晏袤作书有以繁为美的审美观。从书法角度讲，亦未尝不可，但为实用计，却大可不必。据郭沫若先生考证，早在三千年前的殷人，就已在进行文字简化。殷人曾将益（[illegible]）字，简化为（[illegible]）字，当为明证[26]。郭老还指出，古之益字，即满溢之义，与今『溢』字同义。后来在使用中逐渐变其原意，成为效益之益。人们为了使用方便，又创造了溢字。看来文字以实用为第一功能，书法艺术不能超越这个原则。晏袤虽工书，但刻意于繁笔之美亦未必宜也。

晏袤毕竟为宋人，时俗赋予了他新的技巧，也限制了法古的成效。晏袤任南郑县令期间，曾三次在石门故地作书勒石。第一次是南宋光宗（赵惇）绍熙甲寅年（1194）三月，见《鄐君开通褒斜道》而为之撰写《释文》；同年秋山河堰落成，他撰写《山河堰落成记》，此为第二次；第三次是南宋宁宗（赵扩）庆元四年（1198），见《潘宗伯、韩仲元、李苞通阁道》而为之撰写释文。在先后两次释文中，都以楷书照录了石刻原文。晏袤的楷书十分秀丽，在这一点上汉代诚所不及。晏袤所阐发的观感即所谓《释文》却全用隶书，其隶势卓然可爱，虽有汉代遗风，但基本还是宋隶之成法，即每一字常于一主笔中见功力，特别是在《山河堰落成记》中，表现得最充分。《山河堰落成记》字径半尺有余，横笔之偃仰十分突出，通篇一百三十七字，字字皆工，无一败笔，其腕力之强，功力之佳，诚非一般书者所能及也。无怪乎清人欧阳辅《集古求真》称：『宋人隶书当以晏袤为第一』，并说晏袤《山河堰落成记》『雄厚生动，具有汉人遗风，杂置汉碑中，几难分别』。这后面的评价未免过高了，殊不知今之书坛尝以《山河堰落成记》为隶中之草，言其笔势多变，意态妖娆。但就隶势而论，则远逊汉隶之风姿，其弊在过于弄巧，以致有悖于汉隶淳朴之本。此弊在一定程度上也反映了后世习隶者之通病，当为习隶者戒之。

八、南宋《赵彦呐等游石门题名》（宝庆题名）之隶书

前已述之，赵彦呐曾结义士杀叛臣吴曦伪任的夔州守将而显名，又在抗金之战中有战功。因而被朝廷命其帅沔州，且得军民心。宝庆元年(1225)移帅兴元。次年，偕同龙隆之等游石门，即兴题刻，又谓之《宝庆题名》，镌于石门隧道之东壁。书体为隶书，但未署书者之名。此《宝庆题名》中，署名者共八人，赵彦呐为首，白济巨居后。据清嘉庆时《汉中府志・职官》所记，赵彦呐时为汉中太守，白济巨为太守属下之县令。由排名次第看，此《宝庆题名》，可能出自白济巨之手笔。因赵彦呐职位最高，故居首位，以示尊敬，而他甘居末位，以表谦逊。再者，在石门隧道西壁，亦有白济巨之题名，说明他是善书的。

《宝庆题名》记述赵彦呐等府县官员禊祀山河堰之事，以其参与者的位尊之故，自然受到社会的关注，亦为地方学界所关注。而且，此《宝庆题名》共七行，一百零五字，书写较随意，笔力厚重，横平竖直，少见波磔，有横无列，一任自然。其体势和章法似与《杨淮、杨弼表记》相近，得朴茂古拙之趣。基于此因，而入『十三品』之列。

九、南宋《安丙游石门题诗》之楷书

《宋史・安丙传》记：南宋宁宗开禧二年（1206）正月，叛臣吴曦『僭号建官，称臣于金。……丙阳与而阴图之。遂与杨巨源、李好义等谋诛曦。……曦僭位凡四十一日。』朝廷于『当年三月辛丑，加丙端明殿学士中大夫知兴州安抚使兼四川宣抚副使。』既而，又委任安丙为四川制置大使兼知兴元府。在此期间，安丙曾两度赴褒谷探胜，并题刻留念。《安丙游石门题诗》即为其一，文云：『凌晨走马过花村，先玩玉盆到石门。细想张良烧断处，崖前伫立欲销魂。』落款未署年月，仅有『畠然山叟』四字，《宋史・安丙传》称，安丙著有《畠然集》，则知此四字系安丙之雅号。安丙另有一『题名』，原刻已佚，《金石萃编》称其『高一尺八寸八分，广一尺五寸三分。四行，行七字八字不等，正书。』文云：『畠然安丙子文，抱孙，明孙与李□贵同来。嘉定己巳闰月清明日。』所云『嘉定己巳』，即一二〇九年，是诛吴曦后的第三年，正是安丙兼知兴元府之时。可知上述《安丙游石门题诗》，也必在此前后。

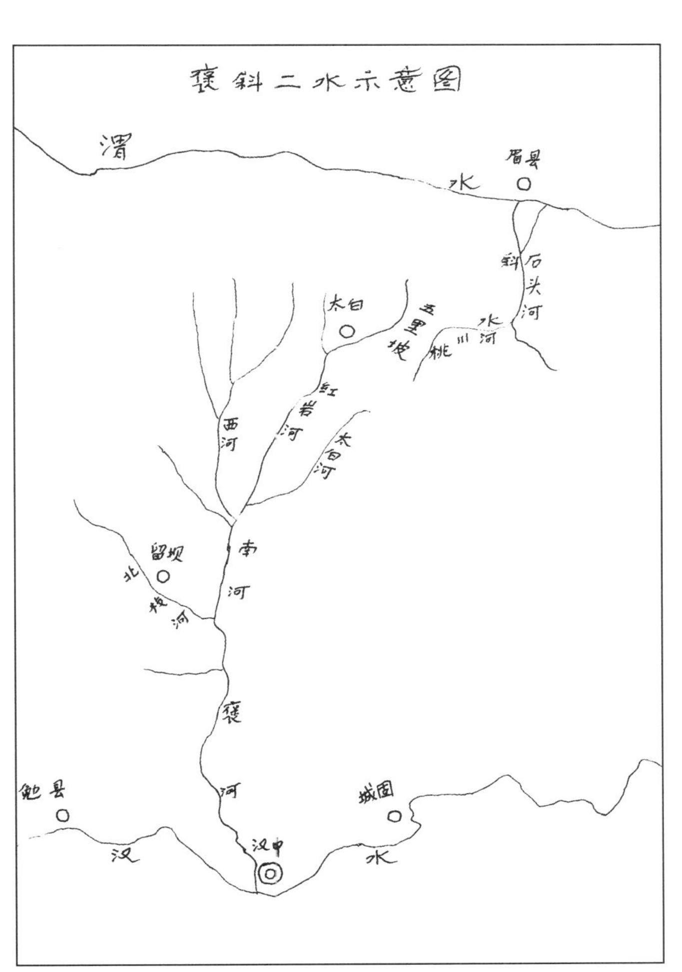

安丙不仅诛杀叛臣，抗击金人有功，而且有著述，堪称儒将，必为朝野所关注。其游石门的两处题刻，前人著录称同为楷书，原刻今已不存，但从《游石门题诗》之照片得知，其运笔流畅，略有行书意味，点如重锤，横竖刚直，撇捺飞扬有度，若注飞涧之瀑流，颇有铁画银钩之力。常言道书如其人者，信矣。在『十三品』中，书体为楷书者仅此一例，加之书艺之佳，自然令人注目。

『石门十三品』的搬迁和保护

二十世纪六十年代后期，国家决定在汉中褒谷中兴建石门大坝，拦截褒水，从灌溉和发电两方面造福于汉中人民。在大坝施工之前，于一九六九年到一九七一年先后将『石门十三品』为主体的摩崖石刻搬迁至汉中市博物馆。伴随着摩崖的搬迁，使摩崖的保护和修复工作历经了一个十分复杂的科学实践过程。

一、搬迁

分布于汉中褒谷中的摩崖，不同于游人赞诵桂林山水的摩崖题刻，也不同于河南的『龙门二十品』。它以宏伟博大见长。如南宋《山河堰落成记》通高二百二十六厘米，上沿宽五百一十厘米，下沿宽五百零六厘米，崖面随山势略呈曲形，凿取后重达十五吨。再如汉《石门颂》、北魏《石门铭》等，都是高达两米以上的摩崖。从内容上看，多属记述栈道通塞和山河堰兴废的历史文献，又是汉魏以来的书法真迹。这批摩崖的搬迁，必须确保刻字的完整无损。

摩崖的搬迁，需先将摩崖从山石中凿出，再经过修整，使它的外形类似于石碑。如何从山石中凿取？这是个技术性很强的工作。基本途径是靠人力以手工为主，配以电钻之类的机械设备，个别部位在不影响摩崖主体安全的情况下，也可以搞小爆破。至于每一摩崖的凿取之法，必须因地制宜，不可一概而论。如《鄐君开褒斜道摩崖释文》，其上有一鼓出凌空的山包，先用爆破把这个山包除掉，并凿去距离摩崖上沿三十厘米以外的积石。然后在摩崖两侧和下方凿槽，槽宽二十至三十厘米，深三十至四十厘米，这个深度基本上就是凿取摩崖的厚度。再从上部凿眼加楔，凿眼的部位与两侧石槽的部位相称，眼距三十至六十厘米不等，置铁楔于眼中，以大锤击铁楔，直至摩崖与山石剥离为止。

还有几种分布在河谷巨石上的摩崖，因所在位置、周围环境不同，凿取的方法也不同。如汉隶大字《衮雪》《玉盆》等摩崖，是由四面着力而凿取的。其凿取的步骤：先根据摩崖的范围，定出四面的边沿，然后除去边沿以外的岩石，使摩崖的厚度达到预定的要求，再从四面打眼加楔进行剥离。

被凿取的摩崖，一般都要就地修整，修整的重点在摩崖的背面和四边，尽可能地使摩崖的外形类似于石碑那样的完整。但实际情况比较复杂，在凿取以前要做好以下准备：

（一）在山崖中凿取摩崖，必须事先搭好结实的支架，既要便于人的操作也要防止凿取后的摩崖撞击和倒塌。

（二）备好特制的木箱，并按摩崖的顺序编号，以便盛置经过包扎后的破碎摩崖小块。

（三）备好各种工具，特别是起重的器械，使摩崖主体得以牢固的控制。

二、搬运

被凿取的摩崖重达数吨至十余吨，先要从山崖间搬出来，才能装上平板车。最难解决的问题是短途搬迁。这要克服山涧地凹凸不平所造成的困难。基本的方法是临时架设木式轨道，其下有枕木，枕木上铺设两条用方木做成的木轨，木轨的宽窄视摩崖大小而定。木轨上置有圆木做成的滚筒，将摩崖平放在滚筒上，然后以木杠在后面撬推，不断地调整滚筒，使摩崖沿着滚筒的方向缓缓前进。为了保持摩崖的稳定，既要有推力，还要用拉力，办法是在摩崖后面系一缆绳，控制滑动的速度，特别是在下坡时最为要紧。

摩崖装上平板车之后，必须设法固定。平板车的时速不得超过十公里。在路面不平时，更要减速行驶，确保摩崖在运输过程中的安全。

三、修复

不少摩崖在搬迁之前已有裂隙，一经凿出便自然解体。如汉《石门颂》摩崖，共有横竖裂隙三道，从山石中凿出后分成六块。此外在凿取和搬迁过程中，由于摩崖本身的重力作用，难以避免地要发生局部的破裂。这些破裂处都需要黏合复原。

摩崖黏合的过程，大体分为以下几个工序：

（一）对茬

即将摩崖断面茬口找到，使断面对接之后能够密合。

（二）断面去锈除污

大凡旧的裂隙，都有矿物质和泥土之类的污物，新的断面在搬运过程中也会沾染尘土。在经过对茬之后的断面上，一般用纱布蘸酒精、丙酮或硫酸擦洗个别地方的矿物质痕迹。还需要用刷子和刀片除净，使之达到清洁、干燥，以免降低黏合强度，但不能对断面原石有丝毫损害。

（三）黏合

首先要选择适宜的黏合剂。这种黏合剂的强度指标要高于岩石的强度，温度、湿度的稳定性要好；其热膨胀系数与岩石的热膨胀系数接近；施工工艺要简便；成本需较低。经过反复比较和试验，环氧化合物是各种黏合剂中较好的一种，完全能够满足上述要求。在实际使用中选择了以下三种配方：

配方一的抗断、抗压等强度系数较高，作为硬化剂的聚酰胺具有很好的增韧作用，但硬化缓慢，适用于特大断面的黏合。调匀后的配剂可连续使用一至两小时。

配方二的强度指标稍低于配方一，易脆，但硬化较快，如置于37℃阳光下暴晒，二至四小时即可硬化，适用于断面小或位置不易固定的岩石。调匀后的配方，在使用二十至三十分钟后，即失去黏合能力。

配方三性能略同于配方二，其优点是调匀后的配剂，使用时间较长，可连续使用一至两小时。

配方一：

名　称	重量比
环氧树脂6101#	100
聚酰胺650#	75
510#（稀释剂）	15

配方二：

名　称	重量比
环氧树脂6101#	100
乙二胺	8
邻苯二甲酸二丁酯（稀释剂）	15

配方三：

名　称	重量比
环氧树脂6101#	100
β羟基乙二胺	15
邻苯二甲酸二丁酯（稀释剂）	15

操作中，可根据岩石的性质和岩石的形状酌情选择配方。无论选择任何一种配方，都必须待黏合剂硬化后，方可移动。因此，在四十八至七十二小时内，切勿松动岩石缝。为处理多缝对接，加速黏合进度，确保黏合强度，施工中采用了红外线灯泡照射的方法（可制作集束排灯支架），以加速配剂的硬化过程。温度增至40℃～45℃，约二十四小时后，即可达到岩石抗拉、抗折强度。但需注意，使用红外线灯泡烘烤，应在黏合后最少四小时才能进行。

对于摩崖中较大的裂隙，可将上述第一种配方，再加适量的滑石粉，灌入裂隙之中以降低配剂的用量。

根据黏接的具体对象，选择适当的配方，这是第一步。再将配剂均匀地涂在断面上，便开始对接。凡对接的摩崖都应垂直固定，如不能垂直固定的，应给予人为的与断面垂直的压力，使之密合为好。对接之后渗出的胶质，必须及时用酒精或丙酮擦拭干净，同时将原石粉涂在缝隙之中，使摩崖表面保持一致，并在缝隙处涂抹石膏浆，以阻止环氧黏合剂流动。整个黏接过程，都需在20℃～30℃的气温中进行。在使用乙二胺作硬化剂时，必须快速操作。

（四）背面加固

摩崖黏合后，为使其牢固，还必须从背面予以加固，其加固的步骤有二：

第一步：用环氧扒钉锁结黏合缝

所谓环氧扒钉，是用环氧砂浆和埋入砂浆的铁板胶结而成的块状物，长二十至三十厘米，宽十厘米，厚三厘米。按此标准，先制作模具，再将模具固定在摩崖后面的黏接面上，同时将铁板置于模的正中，铁板四周应有二厘米的空间，填入环氧砂浆。环氧砂浆系由环氧6101#树脂、滑石粉、水泥、沙子、直径为零点五厘米的小石子等组成。其材料配方见表二：

表二

名　称	重量比
环氧树脂6101#	1000
β羟基乙二胺	160
邻苯二甲酸二丁酯	200
510#	150
水泥	1000
干石沙	3000
小石子	6000

大约二十四小时之后，即可将模具取掉，这时，紧贴在黏接缝上的这种环氧砂浆和铁板的胶结物，就叫作环氧扒钉。它的黏接性很强，可以牢牢地把黏接缝锁结起来。这种扒钉的间距视黏接缝的长短而定，一般在七十厘米左右。

第二步，用钢筋混凝土加固摩崖全身

采用环氧化合物作为黏合剂，存在的问题是高分子材料的老化。关于环氧材料的老化时间，一般认为在二十至三十年之间。为了克服老化问题，必须采取有利于摩崖石刻安全的辅助措施。即在摩崖背面浇铸一层二百号干硬性钢筋混凝土背板。无疑，这对摩崖的加固，使之整体化是非常必要的。这种干硬性混凝土背板与摩崖石刻的黏着力较强，石刻与混凝土之间不打锚筋，混凝土内有钢筋密布。实践证明，如果充分注意施工质量，完全可将石刻牢固地黏在混凝土背板上。但施工时需注意：

1.石刻浇铸面力求平整，浇铸前，需在浇铸区浇水养护，经八小时之湿润，以达到石刻表面的饱和状态。

2.在浇混凝土前，将石刻表面的水分擦干，然后铺一至二厘米厚的300#水泥砂浆。

3.在水泥砂浆上浇200#混凝土，厚度可据石刻的体量而定，一般按十到十五厘米设计。

4.混凝土浇铸后，待其初凝，然后盖湿草袋，洒水养护十四昼夜，水温在十至二十度之间。

（五）正面修复

经上述方法处理的摩崖，已结成一个比较坚牢的整体。这时要把着力点放在摩崖正面的修检上。在摩崖正面，发现有豁口或缝隙，必须进一步予以修补。还有一些散落的碎块，也要继续做好黏接工作。摩崖表面涂抹的胶质、泥质或其他污物，都要设法予以清理。这道工序只宜精雕细刻，不能大刀阔斧，特别是要注意保护每一刻字，使其原貌得以恢复。至于有些刻字漫漶不清，是无从修补也是不应该修补的。我们的保护工作，只能使其维持现状，而绝不能有损原貌。

四、陈列及其保护

被搬到博物馆内的摩崖为数较多，经过黏合、修复之后，开始存放在一个临时库房里。一九八〇年，国家拨付专款修建了石门摩崖石刻陈列馆。由陕西省文物局会同有关专家商定，此馆作为『石门十三品』的专题陈列馆。在建馆施工之前，先将这十三品摩崖实体搬迁到预定的位置。值得庆幸的是，在此过程中，摩崖未受任何损伤。这在客观上也是对以前黏合、修复的检验。经过再次搬迁的摩崖石刻，下面都有牢固的基础，还采取了背面牵引的固定措施，其顺序是按摩崖本身年代的先后排列的。随着陈列馆的落成，这批摩崖已作为陈列品，在博物馆面世。

（一）对『石门十三品』石质的检验

汉中褒谷石门所在地，大体上属于泥盆系地层，作为自然物已有三亿多年的历史。我们所保护的是依附在这种自然物上的文化遗迹，为了达到有效保护的目的，必须弄清自然物的质地。

在十三品中，分布于石门隧道内部的计有《石门》《石门颂》《杨淮、杨弼表记》《右扶风丞李君通阁道》《石门铭》共五品，在石门对面石虎峰下有《石虎》二大字摩崖，在石门北口外侧崖壁间有《李苞通阁道题名》原刻，在石门南口外侧崖壁间有《潘宗伯、韩仲元、李苞通阁道》及南宋晏袤对此的《释文》，在石门南半里许的山崖间有汉《鄐君开通褒斜道》及南宋晏袤的《释文》，在石门南数十步的山崖间有南宋《山河堰落成记》。在石门南的河谷中有汉刻《玉盆》大字和《衮雪》大字摩崖。我们将同一部位的数种摩崖取其一种为代表，共计八种，皆以原石编号为序即T2为《晏袤释鄐君开通褒斜道》摩崖，T6为《鄐君开通褒斜道》摩崖，T7为《杨淮、杨弼表记》，T8为《玉盆》，T9为《衮雪》，T10为《晏袤释潘宗伯，韩仲元、李苞通阁道》及其《释文》，T11为《石门铭》，T13为《山河堰落成记》。在陕西省地质局第二地质队实验室的帮助下，我们对这八种原石分别取样进行了化学检验，在此仅将这八种原石所表示的三种不同类型概述于后：

第一种类型：以T6和T2为代表的硬绿泥石石英片岩，硬绿泥石属铁镁硅酸盐矿物，其化学式：$(Fe^{+2} \cdot Mg \cdot Mn)_2(Al \cdot Fe^{+3})Al_2O_3〔SiO_4〕_2OH_4$这种矿物风化后易形成云母，而云母极易剥落。所以陈列馆内的《鄐君开通褒斜道》及其《释文》的字迹残缺最甚，就是这个原因所造成的。

第二种类型：以T7、T8、T9、T11为代表的石英岩，其石英（SiO_2）含量大于99%，花岗变晶结构，块状构造，性坚硬，抗蚀力较强，所以这类石刻的字迹清晰。陈列在汉中博物馆的《石门颂》《杨淮、杨弼表记》等，皆属此类。但因其颗粒结构不均，常有微量矿物和泥质物散布于石英颗粒之间。加之其本身的块状构造，易产生裂隙，进而导致少数刻字的漫漶。

第三种类型：以T10、T13为代表的大理岩，系由方解石和微量的金红石所组成，主要成分$CaCO_3$，化学性质比较活泼，遇酸易分解。陈列在馆内的《潘宗伯、韩仲元、李苞通阁道》及其《释文》的刻字已模糊不清，与其石质酸化有密切的关系。

（二）对十三品进行科学保护的途径

搬迁到博物馆的石刻，可免于风雨的侵蚀和生物的损害，但气候对它的影响是不可低估的。

据西北大学地理系编写的《陕西的农业地理》所记，汉江谷地日平均气温≥0℃的日数，在全年达三百五十天以上，一月平均气温5℃，七月平均气温26.2℃（1936年至1957年测定数）。冬季不常结冰，夏季很少暴热，全年大部分时间的日平均气温在15℃～20℃以内，但间或也有高温或低温的出现。

汉中平川的年降雨量在八百毫米左右，全年降雨量的季节分布：春季占21%，夏季占46.1%，秋季占29.8%，冬季占3.1%。夏秋两季不仅雨量集中，而且多暴雨和梅雨。

博物馆位于汉中盆地中心，各陈列室都没有空调设备，直接受到汉中大气候的制约。为了确切地了解博物馆的小气候，自一九八三年一月以来，各陈列室、文物库房、图书资料室都设置了干湿球温度表，经过先后一年多的观测，已初步掌握了春、夏、秋、冬四季的湿度变化情况。据各陈列室统计，全年中除四月的部分晴天相对湿度在45%～65%以内，其余都在65%以上。七月和八月的相对湿度普遍在80%左右，最高达89%。四季中极少发现相对湿度在45%以下，几乎不存在空气过分干燥的问题。显然汉中的气候潮湿，对石刻和其他文物的保护都是不利的。像大理石这类石刻的酸化，致酸的气体就是以潮湿空气为媒介的。因此，保持空气的干燥，是防止石刻酸化的有效手段之一。可惜限于条件，这一点暂时还难以解决。

此外，要针对不同的石质，分别采取相应的保护措施。

对第一种类型，即以T6和T2为代表的硬绿泥石石英片岩，要继续防止剥落。我们用放大镜普遍检查摩崖表面的各个部位，发现岩石的片状层理之间有很多空隙，这些空隙任其扩大，便会形成新的剥落。及时地将经过稀释的环氧树脂与聚酰胺混合的黏液注入缝隙，待黏液固化之后，缝隙即被填充，从而达到岩石层理固结的目的。

对第二种类型，即以T7、T8、T9、T11为代表的石英岩，也宜用上述黏液灌注裂隙，在灌注前要小心地将附着在裂隙中的泥质清除干净。

对第三种类型，即以T10、T13为代表的大理岩（$CaCO_3$）宜涂以耐酸、抗潮湿、无色透明的保护膜，使其表面层不直接同外界空气接触，从而减少或避免石刻受外界酸性侵蚀的可能性。目前这项措施尚未实行，原因有二：一是对用作保护膜的药物（甲基丙烯酸甲酯和丙烯酸清漆6号）性能不够熟悉，须进行必要的试验；二是原刻上经长期拓印，沾有一层墨迹，这层墨迹不易清除。事实上墨迹也是保护膜，是否有必要予以清除，也还有待研究。

再者，要吸取历史教训，防止人为的损害。长期以来，无限度地拓印，必须予以控制。目前，已采取了断然措施，确保原刻不再进行拓印。

注释：

[1] 徐争青：褒斜道当为蜀道之始：历史知识，一九八二(一)

[2] 华阳国志·序志：十二

[3][4] 史记·河渠书

[5] 王壮弘：增补校碑随笔：上海：上海书画社，一九八一

[6] 郭荣章：石门摩崖刻石研究：西安：陕西人民美术出版社，一九八五：二十三

[7] 郭荣章：石门摩崖刻石研究：西安：陕西人民美术出版社，一九八五：三十一

[8] 郭荣章：石门颂小考：考古与文物，一九八〇(四)

[9][15][17] (清)万方田：褒谷古迹辑略·序、十、二十三

[10] (清)段玉裁：说文解字注·玉部：十

[11] 汪仁寿：金石大辞典：天津：天津古籍出版社，一九八二

[12] (汉)鄐君开通褒斜道

[13] (汉)赵岐撰：三辅决录·卷一：上海：上海古籍出版社，一九八一：十五

[14] 臧励龢：中国古今地名大辞典·谷口、谷口县：香港：商务印书馆香港分馆，一九八二

[16] (明)嘉靖：汉中府志·卷十：十五

[18] 汉书·艺文志

[19] 马宗霍：书林藻鉴：包世臣：倦翁自评：北京：商务印书馆，一九三五

[20] 刘正成：中国书法全集·卷七：北京：荣宝斋，一九九三：十

[21] (唐)张怀瓘：书断(上)；(唐)张彦远：法书要录·卷七

[22] (唐)张彦远：法书要录·卷一：北京：人民美术出版社，一九八四

[23] 韩庆军：好古精深 拟古移情——罗振玉书法管窥：书法报，二〇〇三：十一：二十四(二)

[24] 启功：启功丛稿：汉华山庙碑之书人：北京：中华书局，一九八一

[25] (唐)张彦远：法书要录：北京：人民美术出版社，一九八四

[26] 郭沫若：文史论集·由周初四德器的考释谈到殷代已在进行文字简化：北京：人民出版社，一九六一

图一　《石门颂》中九个“君”字

图二　六个“道”字与两个“遣”字

图三　八个“字”字与两个“守”字

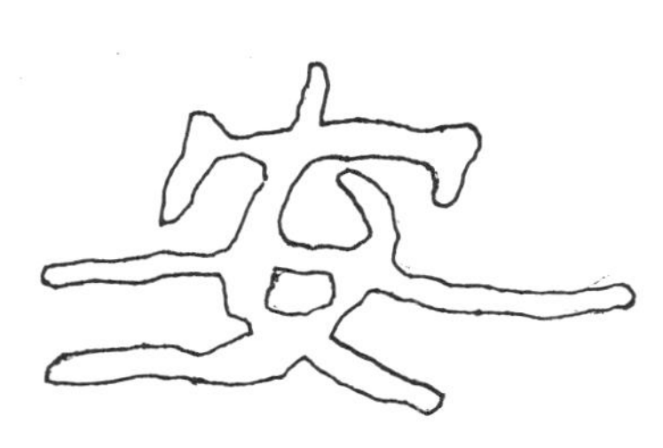

“释艰即安”之“安”

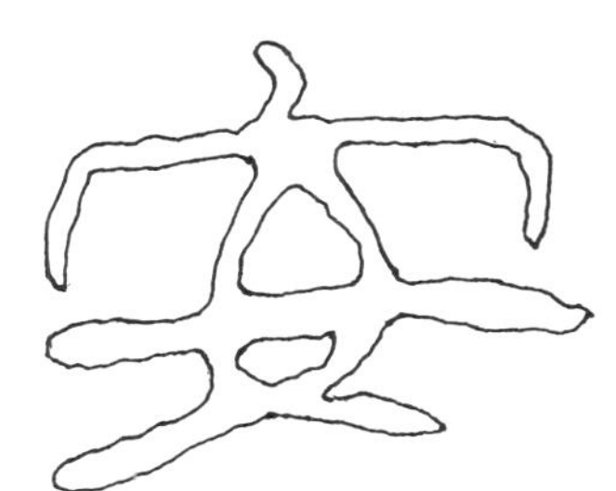

“尊者弗安”之“安”

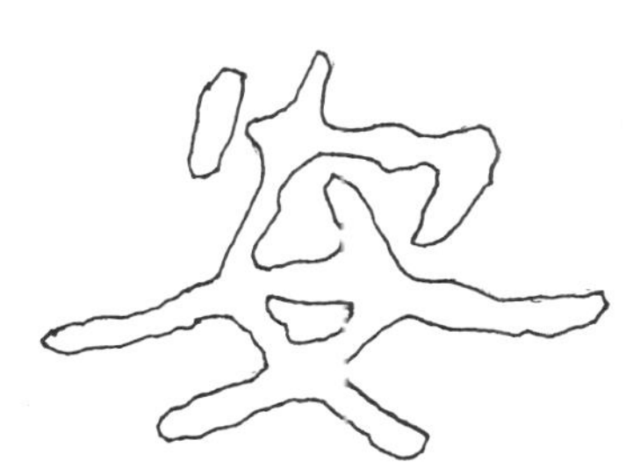

“安危所归”之“安”

“君子安乐”之“安”

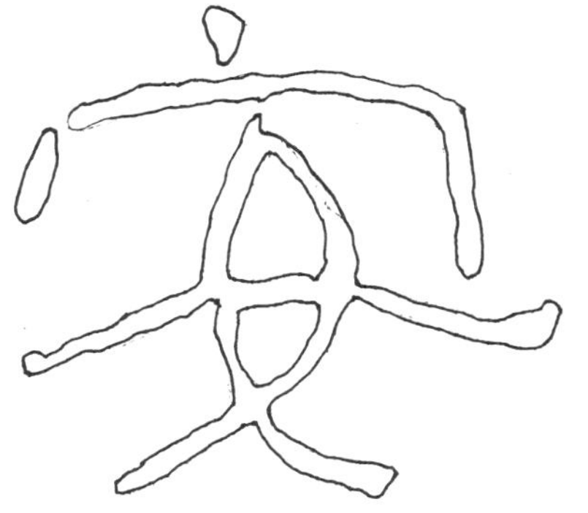

“安阳”之“安”

图四　五个“安”字

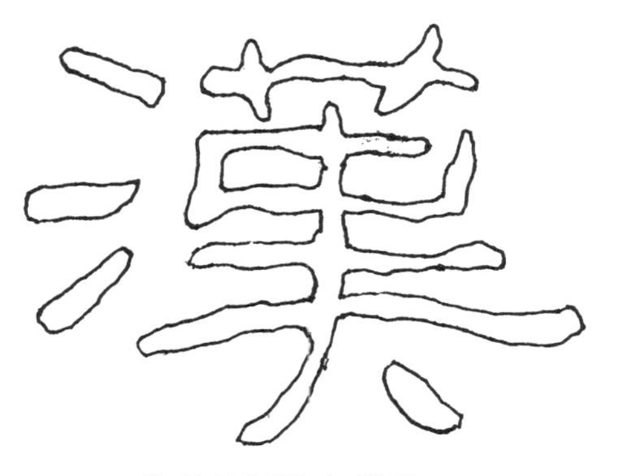

“以汉祇焉”之“汉”

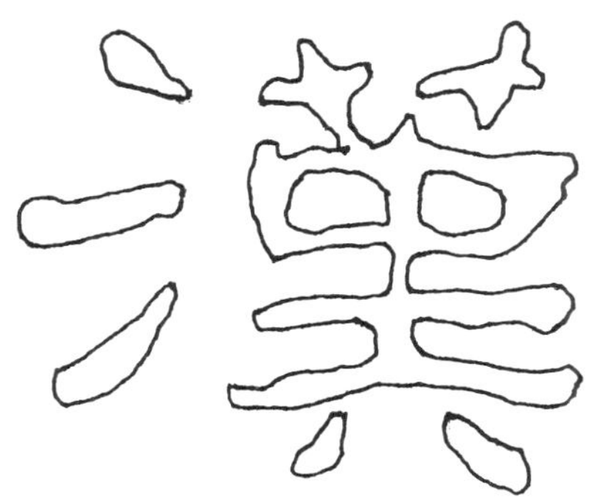

“兴于汉中”之“汉”

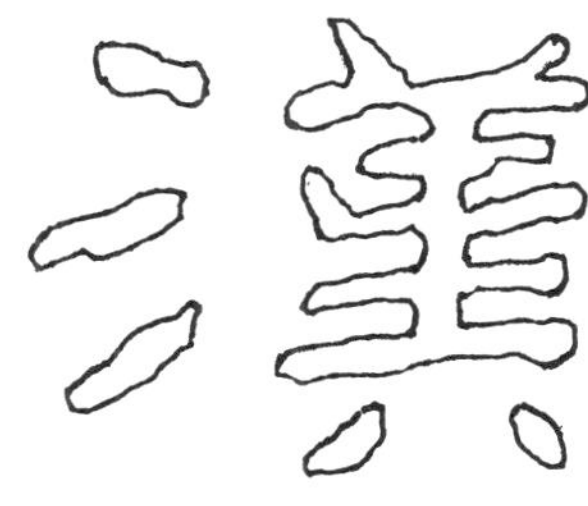

亳汉彊”之“汉”

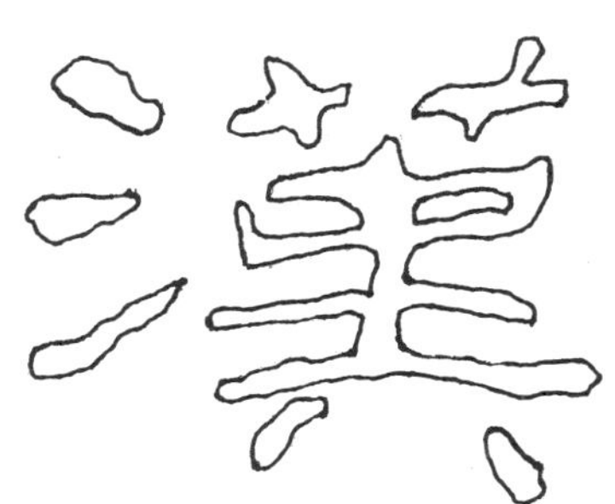

“汉中太守”之“汉”

图五　四个“汉”字

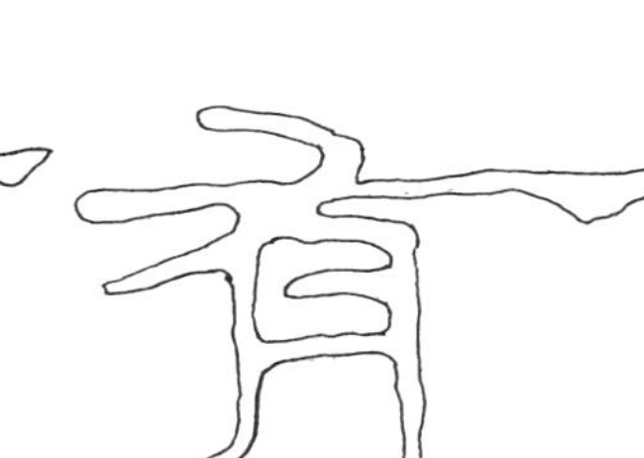

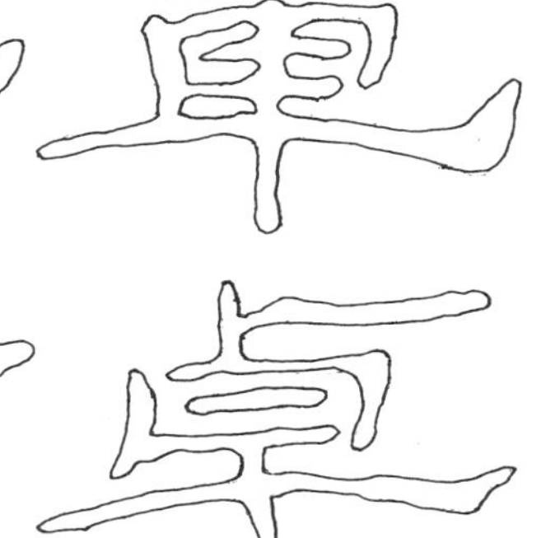

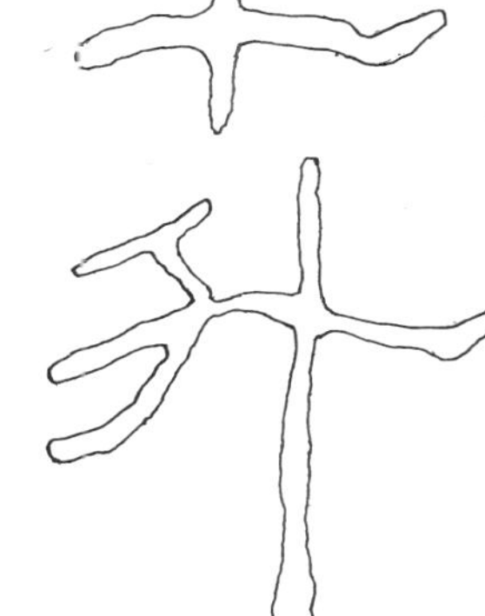

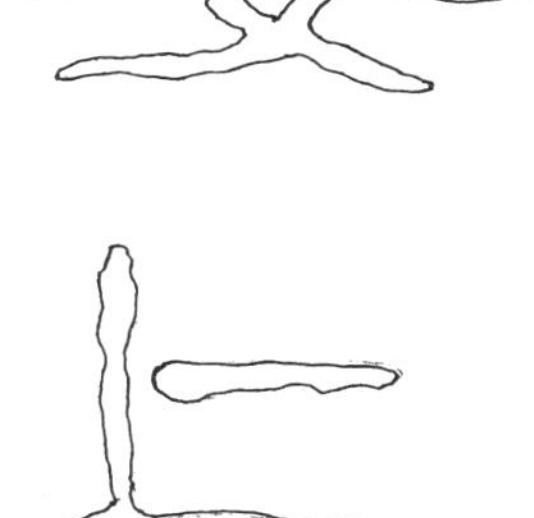

图六　“章”“卓”等十二字主横笔之奥妙

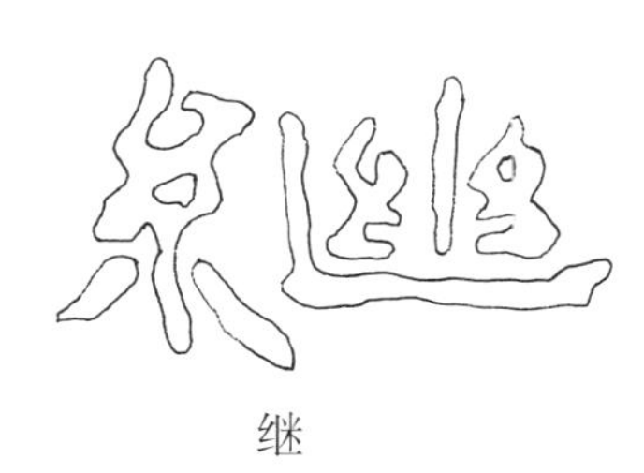

继　毒　灵　垂　听　阴

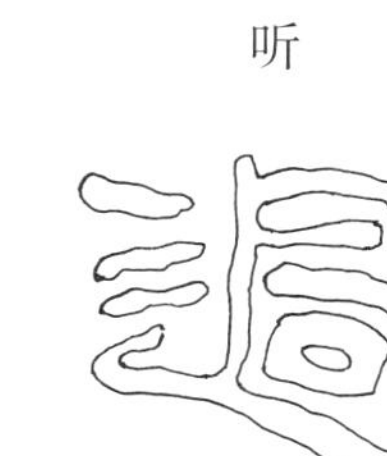

断　流　虐　产　过　尾

图七　《石门颂》中的减笔字

图八　1936年，西汉公路竣工，为便利游人观赏石门古迹，乃在古石门隧道之北架设横跨褒河的大桥，总长47.5米，曲弦钢桁架下承式结构，钢筋混凝土桥面，宽6米，载重15吨。图为此桥之远景，1949年国民党军队逃往四川时，将桥炸毁

图九　立于古石门隧道北口的“第一批全国重点文物保护单位”标志碑，国务院总编号第57号

图十　石门及其栈阁全景

图十一　古石门隧道的栈道遗迹之少部，栈道距水面8米，栈孔见方约40厘米，属褒斜道中栈阁密集之地

图十二　石门及其南侧的部分栈孔遗迹

图十三　民国时期修复的石门北口栈道

图十四　鸡头关故址

图十五　石门隧道南口近景，为石门水库大坝开工之后所拍

图十六　石门水库大坝开工修建时的全景图

图十七　石门内壁摩崖石刻分布图（丁利复制）

图十八　《石虎》摩崖原址

图十九　《山河堰落成记》摩崖原址

图二十　《山河堰落成记》摩崖原址

后记

位于汉中褒谷中的『石门十三品』，向为我国金石界所推重。一九七〇年，因修建石门水库而被凿迁至汉中市博物馆，经修复、整饰，基本恢复原貌，供海内外游客观览，被誉为『国之瑰宝』『书法宝库』，堪为博物馆镇馆之宝。笔者长期供职于汉中市博物馆，有缘与之朝夕与共，加之个人癖好，遂倾心于此。为了弘扬这一灿烂的古代文化遗存，一九八五年曾撰写《石门摩崖刻石研究》一书。一九八八年，又编著《石门汉魏十三品》一书，皆承陕西人民美术出版社出版问世。今两书皆已售罄，汉中市文联主席武妙华先生，作为著名书法家，一向钟情于石门摩崖书法艺术，故此，为《石门汉魏十三品》一书之再版，而多方促成之。笔者为其至诚所感，亦全力应命，以共襄盛举。

这里要着重说明的是，在编著《石门汉魏十三品》时，由于依托于博物馆的现有陈列，而未将南宋《赵彦呐等游石门题名》和南宋《安丙游石门题诗》两方摩崖纳入其内，这两方摩崖是清代学界所认定为『十三品』之列的，以其历史和艺术价值而论，亦不失为石门石刻中之精品。因此，已出版问世且已售罄的《石门汉魏十三品》一书，缺此二精品，是不完备的。笔者每虑及于此，深以为憾。今逢《石门汉魏十三品》再版，又亲手草拟和修订再版书稿，为了补此缺憾，也为了尊重清代学界的指认，特将此二精品补入再版之书。好在，除此二品之外，其余十一品，向无异议，所以书名定为《石门汉魏十三品合集》为好。

由于《石门汉魏十三品》原版已不宜再用，因此《石门汉魏十三品合集》的文字和图版，都需从头做起。其间困难甚多，笔者徘徊数日，一筹莫展。陕西人民美术出版社副总编辑杨西婷女士，作为此书的责任编辑，偕同该社严、郭二位编辑，几度来到汉中，共筹良策，终于寻得解决办法。初稿写成后，他们字斟句酌，从一字的增减中每见功力，其斑斑点点的痕迹，堪为作者与编者契合之见证。个中情由，不敢埋没，爰缀数语，以申谢忱。

现时，学界有人呼吁重振金石学，笔者亦想为此尽绵薄之力。而金石学所涉者甚广，就『石门十三品』而言，只可视为冰山一角。然而，涉足于此者，却十分浩繁。自北魏郦道元，到宋代欧阳修、赵明诚、洪适，再到清代王昶、冯云鹏诸家，借以正字、正义、正史，都有大量的著录可考。清人方若《校碑随录》和今人王壮弘《增补校碑随录》，从拓本流传方面对此予以探究。清人包世臣《艺舟双楫》和康有为《广艺舟双楫》更从书法角度着力于『十三品』的探赏。这些反映了金石学的若干侧面，《石门汉魏十三品合集》倘能于此有丝毫之补益，则笔者区区之劳何足惜哉？衰朽之躯，已无功利之虑，所企盼者，唯此而已。

郭荣章

二〇一二年十一月二十三日于汉中寒舍陋室